JN297822

「はらはら、わくわく、どきどき」がある導入のつくり方

― 7人の教師・導入7分の算数授業づくり ―

細水保宏 編著
盛山隆雄
大野　桂
大澤隆之
高橋長兵
髙橋正英
森　勇介 著

教育出版

はじめに

「はらはら，わくわく，どきどき」がある導入のつくり方
―7人の教師・導入7分の算数授業づくり―

　導入7分を観れば，その授業がほぼわかります。それくらい導入は大切です。

　授業は「よい問題」を用意して提示することが大切です。「よい問題」はどんな問題でしょう。まず，それを第一に考えてみることにしました。

　ところが，どんなに問題がよくても，子どもたちとの出会いがうまくいかないと授業はうまく流れていきません。つまり，提示の仕方も問題なのです。

　そこで，子どもが問題と出会って自分で動き出していく瞬間，そこまでを導入と考えました。

　導入を丁寧に扱えばいいかというと，必ずしもそうではありません。

　例えば，よく見かけるのが前時までの復習からの導入。子どもたちをできるようにしたいという意図はわかりますが，思考を限定してしまい，授業がつまらなくなることも少なくないのです。

　また，文章題を声を出して3回読んでみましょうから始まる導入。一度読んでわからない子は3回読んでもわからないのです。

　そこで，導入の仕方を考えてみることにしました。しかもそこに制約を付けて，ちょっと大胆に。テーマは，『「はらはら，わくわく，どきどき」がある導入のつくり方』。

　問題及びその提示までを導入と考え，「導入7分」を創ってみることにしました。どうして7分なのかと聞かれたことがあります。授業経験から，あるいは授業を参観した経験から，5分では短いし，15分では長すぎる。もちろん，例えば，算数的活動を通して問題を見いだしていこうとする授業のねらいでは，その時間は15分かかってしまうこともあります。それでも授業開始から7分くらいを観れば，その後の展開がほぼ予測できるのです。そこで，アバウトに7分としました。

　尚，問題は，よく吟味されている教科書の問題をできるだけ取り上げました。いろいろ考え出されたオリジナルの問題よりも，日々使うことができる教科書の問題を取り上げ，そのアレンジの仕方も一緒に考えていきたいと思ったからです。

　教科書の問題はよく考えられています。ところが，クラスにできる子，できない子がそれぞれ2人以上いたならば，教科書の展開通り行うことは難しくなってきます。そこに，アレンジが必要になってくるからです。

授業は「できる」「わかる」はもちろん大切ですが,「算数がおもしろい！」と感じるかどうかが大きく伸びに影響してきます。本書は,算数が好きになるように,数量や図形の不思議さ,数理的処理のよさや美しさに多く触れることができるようにと考えてあります。

　「7人の教師・導入7分の算数授業づくり」と副題にある通り,算数の授業と子どもたちをこよなく愛する7人がそれぞれの想いを述べさせていただきました。授業のつくり方の参考にしていただければ幸いです。

2012年初夏　編　者

もくじ

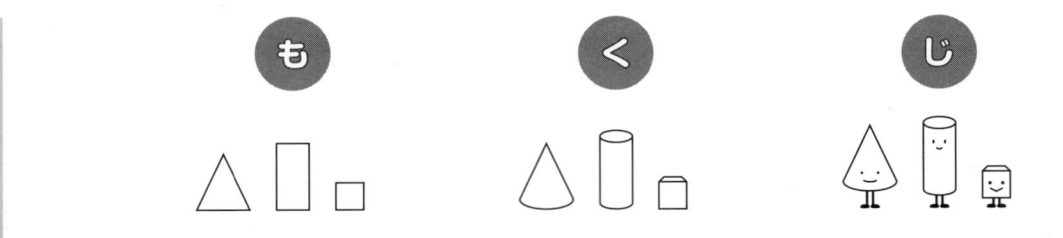

はじめに ii

序章 「はらはら，わくわく，どきどき」で算数を楽しむ，算数で感動する授業づくりを 1

1 「細水保宏」の導入のつくり方　授業をもっと楽しく，魅力あるものに 8

導入のアイディア①
あいまいな場面を創り，「問い」を子どもたちから引き出す 10

導入のアイディア②
必要感を持たせ，よさを味わう場面を創る 14

導入のアイディア③
大切な言葉を子どもから引き出す場面を創る 18

導入のアイディア④
「おもしろさ」という味つけのしかたがポイント 22

2 「盛山隆雄」の導入のつくり方　子どもにとって新鮮でわかりやすい導入を 26

導入のアイディア①
数える対象を隠すことで，子どもを本気にさせる 28

導入のアイディア②
ゲーム性を生かして，概念を創る 32

導入のアイディア③
固定観念を崩す場面を創る 36

導入のアイディア④
作図する四角形をイメージする 40

3 「大野 桂」の導入のつくり方　　子どもから「問い」を引き出す ……… 44

導入のアイディア①
「めんどくさい」が「もっとよい方法は？」を引き出す ……… 46

導入のアイディア②
「不思議」と「疑い」が「問い」を引き出す ……… 50

導入のアイディア③
誤概念との対峙から「問い」を引き出す ……… 54

導入のアイディア④
「帰納」から「演繹」へと試みようとする時，子どもの「問い」が生まれる ……… 58

4 「大澤隆之」の導入のつくり方　　考えることを楽しませる授業を創る ……… 62

導入のアイディア①
「あれ？　この形は？」迷わせてはらはらさせる ……… 64

導入のアイディア②
「いちばん短い道は？」予想し議論してわくわくさせる ……… 68

導入のアイディア③
「アイディアを出し合って」わくわくさせる ……… 72

導入のアイディア④
「中身は何？」隠してじらしてわくわくさせる ……… 76

5 「高橋長兵」の導入のつくり方　　子どもが算数の問題に働きかける構えを創る授業づくり … 80

導入のアイディア①
計算の仕組みを考えたくなる□を用いた問題提示 ……… 82

導入のアイディア②
追究するきっかけを創る問題提示　大小を比較する場を設ける ……… 86

導入のアイディア③
多角形の内角の大きさを調べるきっかけを創る図形を変えていく発展的な問題提示 ……… 90

導入のアイディア④
数量の関係を調べるきっかけを創る大小の比較から，数値や形を変えていく問題づくり ……… 94

6 「髙橋正英」の導入のつくり方　目を輝かせ，授業に期待する子どもたちのために …… 98

導入のアイディア①
「教材」と「提示の仕方」に『数える』要素を盛り込むことで，子どもの問いを引き出す …… 100

導入のアイディア②
「教材」と「提示の仕方」に『比べる』要素を盛り込むことで，子どもの問いを引き出す …… 104

導入のアイディア③
「教材」と「提示の仕方」に『当てる』要素を盛り込むことで，子どもの問いを引き出す …… 108

導入のアイディア④
「教材」と「提示の仕方」に『仲間を見つける』要素を盛り込むことで，子どもの問いを引き出す …… 112

7 「森　勇介」の導入のつくり方　大きな問いと小さな問い …… 116

導入のアイディア①
「隠す」テクニックで，問いを引き出す …… 118

導入のアイディア②
「導入の導入!?」の7分で単元全体の問い（？）を引き出す …… 122

導入のアイディア③
あいまいな場面から「困ったこと」を引き出す …… 126

導入のアイディア④
間違いの意味を追求する「なぜ違うの？」の問いを引き出す …… 130

おわりに …… 134

序章

「はらはら，わくわく，どきどき」で算数を楽しむ，算数で感動する授業づくりを

細水保宏

1．算数を楽しむ，算数で感動する

ひし形の紙で鶴を折った。思ってもみない鶴ができた。頭や尾が長い鶴や，両方の羽が大きい鶴になったのである。しかも，それは最初の折り方で決まる。それも「おもしろい！」と感じた。

「なぜだろう？」とその原因を考える。「そうか，対角線の長さに関係しているんだ！」気づいた自分が誇らしくなる。

対角線の長さが等しい正方形の折り紙では気づかなかったが，ひし形の紙で折ることによって，頭や尾，羽の部分が対角線の部分になっていることに改めて気づく。

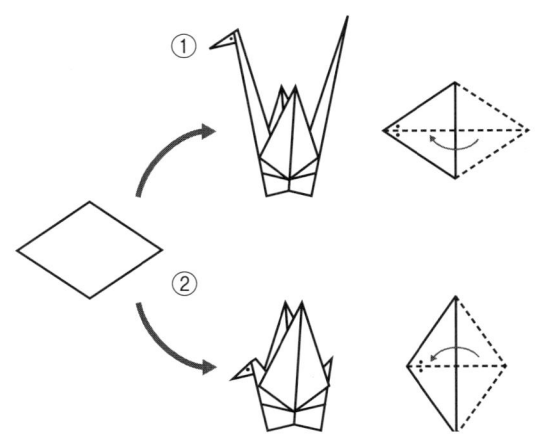

正方形もひし形も両方とも対角線が直交する形である。「だったら，たこ形ならば」と考えている自分を思わず褒めたくなる。

「頭か尾が極端に長い鶴」か「片方の羽が極端に長い鶴」になるに違いない。

わくわくしながら，直ぐにたこ形の紙を作り，折って確かめたくなった。

実際に確かめてみる。「やっぱり！」予想的中で嬉しくなる。

「だったら，対角線が直交している他の形ならば，〜」と考える。

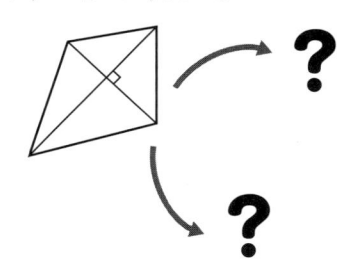

「もし，対角線が直交していなかったら，〜」と考える。

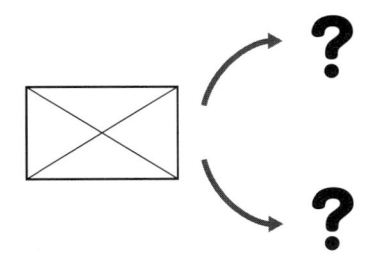

次から次へやりたいことが想い浮かんでくる。そして，できる形も想像がついてきて，実際に確かめたくなってくる。実際に確かめてみる。深夜，教材研究にわくわくして取り組んでいる自分がいた。

このおもしろさを子どもたちにも味わわせたいと考える。

算数の授業が楽しければ算数好きが増える。算数が好きになれば学力も伸びる。

そのためには，「できる」「わかる」授業から，「なるほど！」「素晴らしい！」と感動する授業，「算数っておもしろい！」「考えることが楽しい！」と感じる授業への授業観の変換が必要である。

そして何より，教師自身が「おもしろい！」と感じる教材や展開を用意することが大切である。

2. はらはら，わくわく，どきどきを創る

ところが，教師が教材研究で「楽しい！」と感じたものでも授業で扱ってみると，楽しんでもらえないこともある。

その原因を探ってみると，「おもしろい！」と感じた結果だけを伝えようとしている場合が多い。教師自身が「おもしろい！」と感じるに至った過程も子どもたちに経験させることが必要なのである。

つまり，教師自身が経験したと同じような「はらはら，わくわく，どきどき」が必要なのである。

ところが，今の授業は，この「はらはら，わくわく，どきどき」が起きないように，起きないようにと組まれていることが多い。

例えば，挙手した子どもだけ指名する授業。わからない子どもを傷つけてはならないという気持ちの表れかもしれないが，指名されない代わりにひたすらじっと我慢して座っている姿が見られる。

一方，「できる，わかる」を目指すあまり，ハードルを低くして1つずつステップを刻みながら押さえていく授業がある。誰もがわかるようにとの考えであろうが，自分がわかったときに感動が持てない。逆に，みんながわかるので，自分がわからないときに「わからない！」と言えないでいる姿が見られる。

そして，そこには早くできて遊んでいる子ども，できても満足していない子どもの姿がある。

つまり，今，一番教室の中で欠けているもの，それは「はらはら，わくわく，どきどき」といった緊張感，期待感ではないだろうか。

いろいろなタイプの授業があっていい。ただ，授業が楽しい，算数が楽しいと感じる授業でなければならない。

「はらはら，わくわく，どきどき」といった心動く場は，考える活動を引き出す。そこから引き出される思考・判断・表現する楽しさやよさに，もし気づき，味わえたならば，算数が好きになる。

そのために，考える喜び，発見する喜び，理解できた喜び，説明できた喜び等々，少しでもいいから感動ある魅力的な授業を創っていきたい。その想いを忘れてはいけないと考えている。

その意味からも，「はらはら，わくわく，どきどき」の観点から，子どもの立場で授業づくりを考えていくことは大切である。

3.「はてな？」から「なるほど！」で，算数好きを増やす

そこで，導入時に「はてな？」，後半に押さえたい内容，見方・考え方で「なるほど！」とつぶやきが聞こえてくるような授業づくりを考えている。「はてな？」から「なるほど！」で，算数好きを増やす授業である。

(1) 授業づくりは，まず「なるほど！」から考える

授業づくりのコツとして，まず「なるほど！」を考える。この「なるほど！」は，一般的に本時のねらいに直結している見方・考え方だからである。

例えば，第5学年で「円周率」について理解する授業場面を考えてみる。

「円周の直径に対する割合を円周率といい，3.14を用いる」という結論だけを言葉で教えるだけならば1分もかからないし，練習問題を多く行えば円周や直径を求めることができるようになる。しかし，ここでは「円周率は3.14である」ことを知ることだけがねらいではない。むしろ見つけるまでの過程を経験させることがより大切である。

したがって，ここでは，

「直径の長さと円周の長さとの間に関係があること，そして測定するなどして帰納的に考えることにより，どんな大きさの円についても，円周の直径に対する割合が一定であることを見いだすことができること，この割合のことを円周率といい，一般に3.14を用いることを知ること，直径の長さから円周の長さを，逆に円周の長さから直径の長さを計算によって求めることができることなど，直径，円周，円周率の関係について理解できるようにすること」

がねらいである。

そこで，学習のねらいとし，押さえたい「なるほど！」を次のように考えた。

> 「なるほど！　どんな大きさの円でも円周の直径に対する割合が一定であるんだ。」

(2)「なるほど！」に結びつく「はてな？」を考える

次に，「なるほど！」に結びつく「はてな？」を考える。

「円周と直径の関係を調べましょう。」との投げかけは，唐突で必要感も生まれてこない。

また，円周と直径の間に関係があることを提示してしまうことになる。

授業展開としては，まず「円周と直径の間には何か関係がありそうだ，調べてみたい。」といった調べたくなるような気持ち，必要感が生まれてくるような場を創っていきたい。

そこで，「はてな？」を次のように考えた。

> 「あれ，円周と直径の間には何か関係があるのかな？」

(3)「はてな？」，「なるほど！」を考えたら，「おもしろさ」の観点から味つけをする

続いて，「はてな？」が引き出されてくる導入を考える。つまり，「はてな？」の言葉が子どもたちの言葉から生まれてくるように計画を立てていくのである。この部分が子どもたちをよく知っている担任だからこそできることであり，教師の腕の見せ所となる。

「どこまで転がるのかな？」と板書する。

そして，小皿を黒板の左端に置き，小皿が一回りするとどこまで転がるかを予想させる。

その際，自分の予想をしっかり持たせると，問題に関わっていこうとする意欲が増してくる。

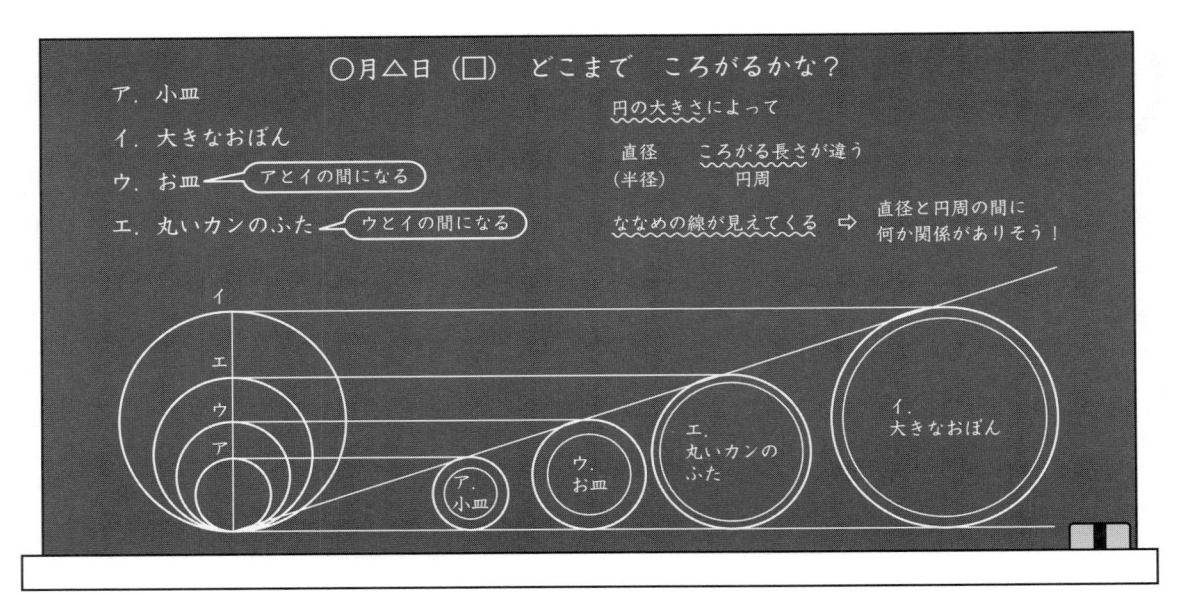

○月△日（□） どこまで ころがるかな？

ア．小皿
イ．大きなおぼん
ウ．お皿　→ アとイの間になる
エ．丸いカンのふた　→ ウとイの間になる

円の大きさによって
直径　ころがる長さが違う
（半径）　円周

ななめの線が見えてくる　⇒　直径と円周の間に何か関係がありそう！

　まず，数人を指名し，その予想を黒板に表させ，その予想に対して自分の予想はどうなのかをノートにメモさせる。
「Aさんより手前」「Bさんと同じ辺り」
「BさんとDさんの間」
といった具合に予想させる。

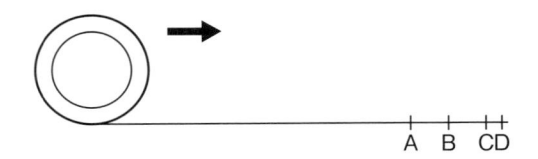

　自分なりの予想が持てたところで，黒板の桟(さん)に沿って小皿を転がす。半分ぐらい転がしたところで止めると，半分だから一回りすると倍の長さになるという感覚を育てていくことに役立ってくる。

　一回りしたところで小皿を止め，転がった長さを確認する。黒板にその跡を残しておくようにする。

　次は，大きなお盆を取り出し，一回りしたらどこまで転がるのかを聞く。

　小皿のときと同様に展開を図るが，小皿のときの結果を生かして予想する子どもも現れる。そのときは，その考えを取り上げ，認めていくようにする。

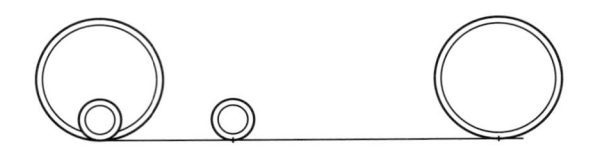

　次に，中皿を取り出し，同様に，一回りしたらどこまで転がるかを聞く。今度は，自分の予想とその根拠をノートに書かせるようにする。
「小皿より大きく，大きなお盆より小さいから，転がしたらその間にくると思う。」といった論理的な考えも見られる。

　一回りさせて確認した後，丸い缶のふたを取り出し，一回りしたらどこまで転がるのかを聞く。
「中皿より大きく，大きなお盆より小さいので，転がしたらその間に入ると思う。」といった論理的な考えも見られる。
「大きいって何が大きいの？」
と問い返しながら，直径と円周の間に何か関係がありそうだと気づかせていく。

いくつも丸いものを転がしてみながら，斜めの線が見えてくるように黒板を使って表現を工夫していくようにする。

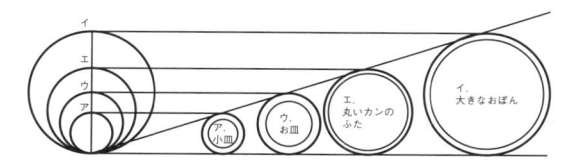

「直径と円周の間に何か関係がありそうだ。」
と気づいたところで，直径と円周の間の関係を調べていく次時の活動へとつなげていく。

4．授業づくり―導入７分―

導入７分を観れば，その授業がほぼわかる。それくらい導入は大切だと考えている。

そこで，導入の仕方を考えてみた。テーマは，「はらはら，わくわく，どきどき」がある導入のつくり方。問題及びその提示までを導入と考え，「導入７分」を創ってみることにした。

どうして７分なのかと聞かれたことがある。前述したが，授業経験から，あるいは授業を参観した経験から，５分では短いし，15分では長すぎる，もちろん，算数的活動を通して問題を見いだしていこうとすると，その時間は15分かかってしまうこともある。それでも授業開始から７分くらい観れば，その後の展開がほぼ予測できるからである。

例えば，１円玉を配り，
「この１円玉の周りの長さは何cmぐらいあると思う？」
と問いかける。

そして，思った長さをノートにメモさせる。

ノートにメモさせるのは，自分の考えをしっかり持たせるためである。もちろん，直感でかまわない。

「１cmだと思う人？」「２cmだと思う人？」「３cmだと思う人？」「４cmだと思う人？」
「５cmだと思う人？」「６cmだと思う人？」
「まさかいないと思うけれど，７cm以上だと思う人？」
と順に聞き，手を挙げさせていく。

ほとんどの子どもは，「３cm」，「４cm」辺りで手を挙げる。

「１円玉の周りの長さ。答えは３cmです。見えますか？」
「見えません！」
「やった，当たった！」
「…というのは冗談です。本当は10cm。」
「えっ〜！」
「それも冗談です。本当は６cmちょっと。」
このやりとりだけで，クラスは活気づいてくる。それにしても，私の指でつままれた１円玉の周りの長さが６cm以上あるなんてとても見えない。

「本当に６cmちょっとの長さなのか？」
「もしかしたら，それも冗談なのでは？」
子どもたちの頭の中にも，そんな疑問が浮かんでくる。ちょっとした私の冗談が，子どもたちをさらに悩ませたのである。

「この１円玉の周りの長さは，本当は何cmあるんだろう？」

最初の投げかけが，このとき初めて子どもたちの「はてな？」になる。「はてな？」が生まれると，子どもたちは一人でも動き出す。どうにかして周りの長さを調べようとする。

もし，授業でこれを行うとしたら，ここまでが導入７分であろうか。

この後，解決への糸口を見つけて転がしはじめる子どもをとらえる。

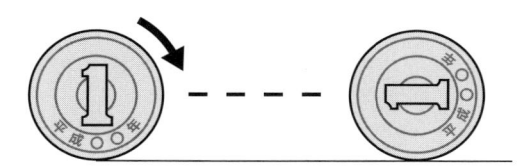

「おっ，なかなかおもしろいことしはじめているね。」と認めると，みんなが真似しはじめ円を転がして，直径と円周とは何か関係がありそうだと感じさせる授業へつなげていくことができる。

このように，子どもたちが「問い」を持ち一人で動き出す瞬間，つまり「はてな？」を持つ瞬間をとらえ，その場のつくり方を研究していくことが，授業づくりの技術を鍛えていくことになると考えている。

5．「おもしろいものが見えてきそうだ！」という期待感が持てる導入を

新しいものが見えてくると楽しい。その見えてくるものが，算数のよさや美しさであれば算数が好きになってくる。伸ばしたい力と同時に，その見えてくるものを明確に持って授業していくことが授業づくりのポイントの1つである。

また，先が予想できると楽しい。同時に，見えていた先が裏切られると感動する。授業の中で子どもたちにストーリーを持たせること，そしてそれが裏切られる場面を創ること，これも授業づくりのポイントである。

ところで，一度おもしろいものをみると，もう一度見たくなり，期待感を持って授業に取り組む姿が見られる。毎時間は難しくとも，時々は「おもしろい！」と感じる授業を行っていくことが算数好きを増やすことにつながる。

その意味からも，導入でまずおもしろそうだと感じさせ，算数に取り組ませることである。もし，それができたならば，算数のよさや美しさで感動させ，算数好きを増やすことができる。

そこで，算数が大好き，算数好きを増やしたいと考えている仲間6人と，この導入7分のつくり方を話し合ってみた。

共通する点は多々あったが，個性が強い7人のこと，あえて「7人の教師・導入7分の算数授業づくり」と副題にある通り，算数好きの7人がそれぞれの想いを述べていくことにした。

「『〇〇』の導入のつくり方」として，それぞれの導入の考え方を「私の導入術」として述べ，そして，各自4事例ずつ紹介することにした。

アウトラインは決めたが，述べ方は自由としたので，ちょうど7冊のブックレットを綴じた1冊の本といった方がよいのであろうか。

7人のプロフィールは巻末を参考にしていただくとして，それぞれの導入のつくり方の目次を見てみることにする。

読まれて「使えそうだ！」と感じたアイディアをまず実践して欲しい。しかし，うまくいかないかもしれない。それは，自分の授業スタイルに合わないからである。「だったら，〜」と考え，自分の授業スタイルに合うようにアレンジすれば良い。このアレンジする力も大切な授業力なのである。

---

1 「細水保宏」の導入のつくり方

【私の導入術】
授業をもっと楽しく，魅力あるものに

【私の事例】
1　あいまいな場面を創る
2　必要感を持たせ，よさを味わう
3　大切な言葉を子どもから引き出す
4　「おもしろさ」という味つけを加える

2 「盛山隆雄」の導入のつくり方

【私の導入術】
子どもにとって新鮮でわかりやすい導入を

【私の事例】
1　隠して考えさせる
2　ゲーム性を取り入れる
3　固定観念を崩す
4　作図する図形をイメージする

3 「大野　桂」の導入のつくり方

【私の導入術】
子どもから「問い」を引き出す

【私の事例】
1　よりよい方法を引き出す
2　不思議な状況に引き込む
3　誤概念から引き出す
4　「帰納」から「演繹」へと試みる

4 「大澤隆之」の導入のつくり方

【私の導入術】
考えることを楽しませる授業を創る

【私の事例】
1　迷わせてはらはらさせる
2　予想して議論してわくわくさせる
3　「アイディアを出し合って」わくわくさせる
4　隠してじらしてわくわくさせる

5 「高橋長兵」の導入のつくり方

【私の導入術】
子どもが算数の問題に働きかける構えを創る授業づくり

【私の事例】
1　計算の仕組みを考えたくなる
2　追究するきっかけを創る
3　内角の大きさを調べるきっかけを創る
4　数量の関係を調べるきっかけを創る

6 「髙橋正英」の導入のつくり方

【私の導入術】
目を輝かせ，授業に期待する子どもたちのために

【私の事例】
1　『数える』要素を盛り込む
2　『比べる』要素を盛り込む
3　『当てる』要素を盛り込む
4　『仲間を見つける』要素を盛り込む

7 「森　勇介」の導入のつくり方

【私の導入術】
大きな問いと小さな問い

【私の事例】
1　「隠す」テクニックで問いを引き出す
2　単元全体の問いを引き出す
3　「困ったこと」を引き出す
4　「なぜ違う」のか引き出す

1 「細水保宏」の導入のつくり方

【私の導入術】
授業をもっと楽しく，魅力あるものに
―心動かされる場面が生まれるように教材化を図ること―

◆教材研究がよい授業を創る

授業を創っていくときに，まず次の3つの点に気をつけている。
(1) 学習のねらいを明確にすること
(2) ねらいに結びつく引き出したい子どもの動きを思い描くこと
(3) 子どもの動きやつぶやきを引き出すための手立てを考えること

「学習のねらいを明確にすること」は，基礎・基本を明確にすることと言い換えられる。

また，「ねらいに結びつく子どもの動きやつぶやきを思い描くこと」「そのための手だてを明確にすること」は，素直な子どもの考えに寄り添った教材や展開を考えていく上で，欠かすことができないものである。

つまり，教材研究がよい授業を創るもとになっていると考える。

例えば，考える力を伸ばすことがねらいであったら，考えたくなる場を設定することである。

また，豊かな表現力を育てたかったら，思わず表現したくなる場を設定することである。

そして，同時に，考えてよかった，表現してよかったと感じる場を設定することである。

それには，教材研究する力が必要である。教材を深く理解する力がなければ，一人ひとりの考えを引き出したり，認めたり，的確に指導したりすることができないからである。

◆「はてな？」と「なるほど！」で授業を創る

授業づくりを考えていくときに，私は，まず，「はてな？」と「なるほど！」で授業展開を考える。

最初に考えるのは，本時のねらいとともに，育てたい力である。それが「なるほど！」である。次に，その「なるほど！」が子どものつぶやきと共に出るようにするために，「はてな？」を考える。

このように，「はてな？」と「なるほど！」から，問題及び展開を考えていく。

もちろん，教材は，教科書や本，同僚，研究会等などで手に入れたものが多い。しかし，子どもたちとの授業の中から生まれてきたものの方がさらに多い。

つまり，「算数のセンサーを磨いておくこと！」が，おもしろい教材を手に入れる1つのよい方法である。

例えば，次の条件にできるだけ合うように問題を考える。

- ○ 学習のねらいに合っている
- ○ 数学的に価値がある
- ○ 教師がおもしろいと感じる
- ○ 適度なハードルがある
- ○ 多様な解き方がある

○ 問題から問題が生まれてくる

しかし，よい問題を用意しただけではよい授業はできない。「問題との出会い」，つまり提示の仕方も大きく影響しているからである。

そこで，子どもたちが自分で「問い」を持ち動き出すところまでを「導入」と考えた。

したがって，「導入」は，問題及び提示の工夫がポイントとなってくる。

◆**心動かされる場面が生まれるように教材化を図ること**

私の教材化は，一言で言えば，「おもしろいと感じた教材を子どもたちの心が動くように創り変えること」と言えるのかもしれない。

「あれっ！」「おかしいぞ！」「おもしろそう！」という対象に働きかけるきっかけとなる気持ちや，「なるほど！」「なぜだろう？」といったそのものに関わっていたいという気持ちに出会ったならば，子どもたちに「問い」が生まれ，数理的なアプローチを用いて追究していこうとする気持ちも沸いてくる。そして，数学的なアイディアや処理の仕方のよさにも感得できるようになる。

そこで，子どもたちが「あれっ！」「おかしいぞ！」「なるほど！」と感じた場面を追究して，そのような気持ちになった原因を洗い出してみた。

それらを「心動かされる場面」と考えて，教材化するときに参考にしている。

【心動かされる場面】

(1) 矛盾のある場面 「あれっ，変だぞ」
　→「はっきりさせよう！」
(2) 煩雑な場面 「ごちゃごちゃしている」
　→「すっきりさせよう！」
(3) 手間がかかる場面 「めんどくさいな」
　→「簡単にしよう！」
(4) あいまいな場面 「はっきりしていないな」
　→「はっきりさせよう！」
(5) 数理的に処理されている場面
　「なるほど」「きれいだな」
　→「なぜだろう！」
　→「いつでも言えるのかな？」
(6) 量や図形の美しさが表れている場面
　「きれい」
　→「なぜだろう！」
　→「いつでも言えるのかな？」
(7) 不統一，不完全な場面
　「きれいでないな」
　→「なぜかな」「きれいにできないかな」
(8) 不可能な場面 「できない！」
　→「なぜだろう！」
(9) 一応の解決が図られた場面
　「もっとよくしたいな」
　→「もっと簡単に」
　→「もっとすっきり」
　→「はっきり」
　→「いつでも使えるかな？」
(10) 自信がない場面 「もしかして，〜」
　「本当に正しいのかな？」
　→「はっきりさせたい！」
(11) 自分の考えを主張したい場面
　「わかってほしいな」
　→「はっきりさせたい」
(12) 追究の方向が見える場面 「だったら」
　→「いつでも成り立つのかな？」
　→「どこまで成り立つのかな？」
(13) 部分に踏み込む場面
　「はらはら，どきどきするな」
　→「どうなるかはっきりさせたいな」
(14) 見えないものが見えた場面
　「へぇ〜！」「なるほど！」
　→「他にも見えないかな？」
(15) 「ストン！」と落ちた場面
　「へぇ〜！」「なるほど！」「おもしろいな！」
　→「他にも見えないかな？」

導入のアイディア ①

あいまいな場面を創り，
「問い」を子どもたちから引き出す

第6学年 「拡大図と縮図」

◆導入のアイディア

　新学習指導要領で「縮図・拡大図」は，今回中学から移行してきて第6学年で扱うことになった。と言っても，10年前まで小学校で扱っていた内容である。

　ここでは，第5学年で学習した合同の学習と同じように，縮図・拡大図という観点からこれまで学習してきた平面図形について理解を深め，図形に対する感覚を豊かにすることができるようにすることをねらいとしている。

　2つの図形が，形も大きさも同じであるものが合同であるが，縮図・拡大図は，大きさを問題としないで，形が同じであるかどうかの観点から捉えたものである。

　問題解決の中心となる「問い」は，教師が提示するのではなく，子どもたちから出てきたものでなければならない。

　つまり，意地でも教師が言わず，子どもから出てくるようにする手だてを考えること，それがここでの教材研究のポイントである。

◆教科書を見てみよう！

　教科書も工夫されていて，私が言った言葉は，一番右下の「はてな？」の場所に書かれている。

　ところで，その教科書の導入のページ（右図）を見てみると，いろいろ工夫がなされている。

　例えば，素材のヨット。ヨットの帆の三角形の形で直感的な判断がしやすいようにしている。

　一方，ⓘはⓐと同じ縦幅（横に長く）になっている。ⓤはⓐと同じ横幅（縦に長く）になっている。ⓔは縦に2倍，横に2倍（同じ形）になっている。

　そして，その4つの図の並べ方1つとっても，工夫されている。

　また，上段の挿絵では，「パソコンで絵の大きさをいろいろ変えることができるよ」と吹き出しを入れることで，日常生活との関連を図り，意欲づけを図ろうとしている。

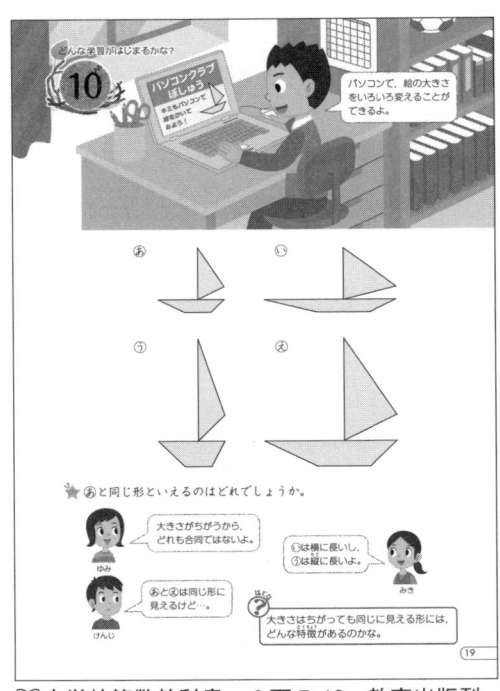

📖 小学校算数教科書　6下 P.19　教育出版刊

■導入のアイディア①　あいまいな場面を創り，「問い」を子どもたちから引き出す

そして，次のページには，「あとえの形を比べましょう」との問題が載せられている。

ここでは，絵の後ろに方眼が示されていても，辺の長さ，角の大きさの判断の根拠として子どもたちが用いやすいようにしている。

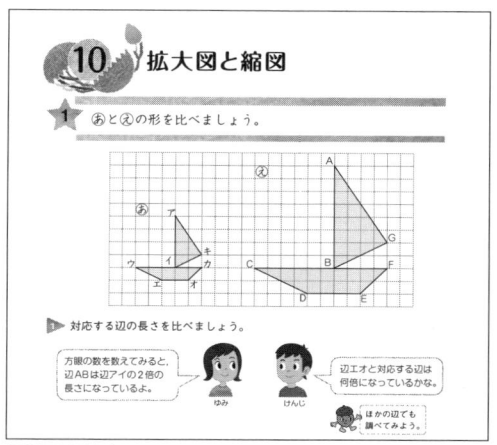

📖 同教科書　6下 P.20

例えば，教科書通り展開してみる。

次のあ〜えの4つの図を提示し，「あと同じ形はどれでしょう」と投げかける。

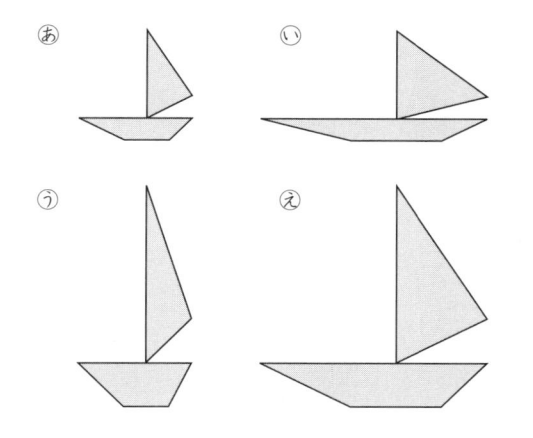

子どもたちは，見た目でいとうは明らかに異なることがわかるので，えと答える。

ところが，このように結果がはっきりとわかる場では，「調べてみたい」といった気持ちは生まれにくい。

そこで，教師から「大きさが異なっても同じに見える形には，どんな特徴があるのだろう」といった投げかけが再度必要となり，その投げかけから授業が始まることになってしまう。

このような導入では，いつも教師の投げかけで動く姿から脱却はできない。ましてや，「はらはら，わくわく，どきどき」が生まれてこない。

「はらはら，わくわく，どきどき」が生まれてくるためには，教師から投げかける，

「大きさが異なっても同じに見える形には，どんな特徴があるのだろう」

の一言が子どもたちの言葉から出てくることが必要である。

もっと言えば，「自分は同じ形だと思うけれど友達は違うと言っている，どちらが正しいのだろうか」といった，判断に迷う，正解が知りたい，調べてみたいといった気持ちが子どもたちの中で生まれてくることが重要なのである。

◆だったら，私は……。

教科書の工夫を踏まえて，自分なりにアレンジしたい。

例えば，子どもたちが「あとえの形を比べたい」とより真剣に追究したくなる場を設定しようと，次の2つの点から考えてみた。

(1) 判断に迷うものを入れ，「あいまいな状態」の場を創り，その判断の根拠を確かめていく活動が楽しいと感じることができる授業構成を考えていく

「大きさが異なっても同じに見える形には，どんな特徴があるか」

といった「問い」が子どもたちの中に生まれてくるように，判断に迷うあいまいなものを一緒に提示する。

11

つまり，教科書のあ～えに加えて，おを登場させ，「あいまいな状態の場を創っていくこと」が必要なのである。

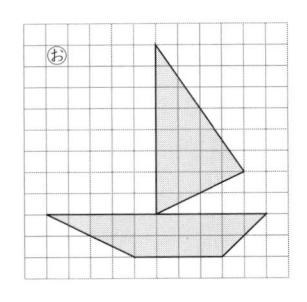

また，その「問い」に答えられるように，明らかに同じ形でないものも一緒に提示し，わけを考える際のヒントになるようにする。

「だって，縦幅は同じだけれど，横は2倍になっている。」

「だって，横幅は同じだけれど，縦は2倍になっている。」

「だって，縦と横はそれぞれ2倍になっている。」

といった論理が引き出されるように，教科書の提示の仕方を利用する。

(2) **パソコンではなくコピー機とし，日常生活の経験から，拡大した図であることの保証としたい**

教科書ではパソコンで大きさを変えていると挿絵で述べているが，授業ではパソコンではなくコピー機としたい。最近のコピー機は，縦長にも横長にも自由に変換できる。それを利用して，いうえおの図を作ったとしたい。コピーしたということで拡大した図であることが暗々裏に保証されるからである。

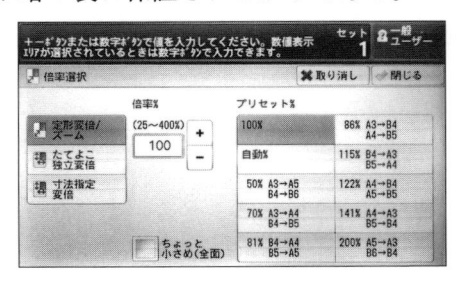

◆**授業構想**

(1) **あと同じ形はどれか考える**

まず，あの紙を掲示し，

「あの紙をコピー機でコピーしたのだけれど，次のうちどれが同じ形だと思う？」

と投げかけ，1枚ずつ紙を黒板に掲示する。

「いは横に長く拡大したものだから同じ形ではないよ。」

「うは縦に長く拡大したものだから，同じ形ではない。」

まず，見た目だけで明らかにあと同じ形でないとわかるいとうを提示し，同じ形でないと考えるわけを引き出す。

そして，あといとうを貼る場所を工夫して黒板に掲示する。

横に拡大したもの，縦に拡大したものとがはっきりするように掲示するのである。

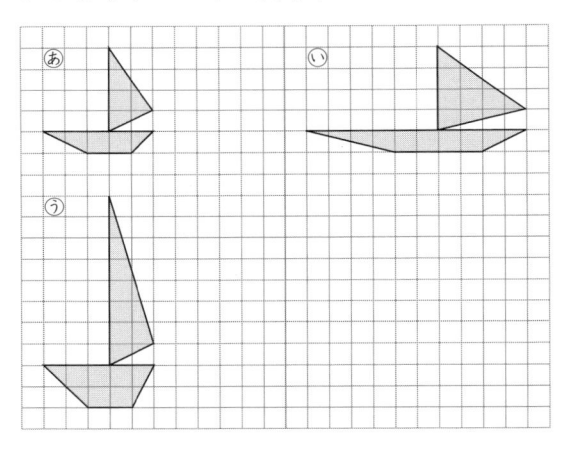

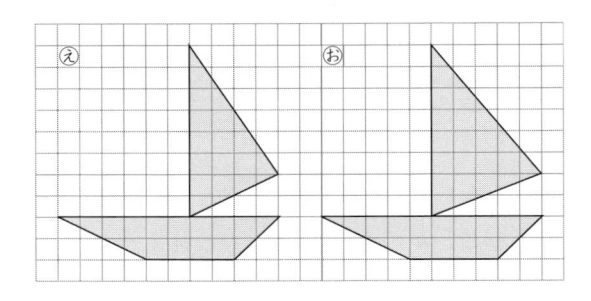

続いて，えとおを提示する。

実はえが同じ形であるが，あいまいなおも同時に提示する。

そして，どちらが同じ形だと思うか判断させ，ノートにメモさせる。

判断に迷うあいまいなものが提示されると考える場が生まれ，直感でもよいので自分の考えが持てると確かめてみたいという気持ちが生まれてくる。

確かめるためには「同じ形」の定義をはっきりさせなければならない。

そのとき，「大きさが異なっても同じに見える形には，どんな特徴があるか」といった「問い」が子どもたちの中に生まれてくる。

このように，導入では子どもたちが自ら動き出したくなる場を創ること，それを第1に心がけていきたい。ここまでが，私の考える「導入7分」である。

(2) 育てたい考え方を子どもから引き出す

導入7分の後，まず，えかおのどちらがあと同じ形かを確かめる活動が展開される。

「あとえは同じ形だと思う。だって，〜」と言いながら，えをいやうのところへ持っていき，説明し出す子どもの姿が見たい。

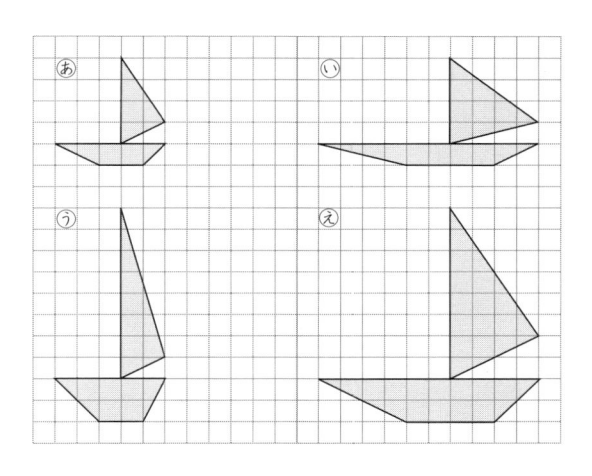

「だって，いはあと同じ縦幅（横に長く）になっているでしょ。うはあと同じ横幅（縦に長く）になっている。えは縦に2倍，横に2倍（同じ形）になっているから。」

「だったら，おも縦に2倍，横に2倍になっているから同じ形だと思う。」

「でも，ヨットの帆のところが形が微妙に違うと思う。」

「だってあは，ヨットの軸が後側にきているけど，おは中央にきている。」

といった子どもの動きを引き出すのである。

そのとき，

「いは横に長く拡大したものだから同じ形ではない。うも縦に長く拡大したものだから，同じ形ではないと言っていたものね。だったら，もしえやおが同じ形というなら，「同じ形」って，どんな形のことを言うのかな？」

と問いかけるチャンスが生まれる。

「縦と横を2倍にした形。」
「2倍でなくて，3倍でも同じ形だよ。」
「縦と横，同じ倍率で大きくした形。」
「縦と横，同じ倍率で小さくした形。」
「でも角の大きさは同じ形。」

といった声を聞きながら，

「大きさが異なっても同じに見える形には，どんな特徴があるか。」

に踏み込んでいく。

◆縮図・拡大図の指導のポイント

子どもたちの身の回りには，地図や写真，コピー機による縮小・拡大など，相似の関係にあるものがたくさんある。直感的に同じ形と認めることはさほど難しくはない。ここで大切なことは，その直感的にとらえた「同じ形」をその図形の構成要素である辺や角に着目して分析的にとらえさせることである。

縮図，拡大図の関係にある図形は，対応する角の大きさは等しく，対応する辺の割合は等しい。実際に対応する辺や角を見つけて調べたり，縮図，拡大図を作図したりする活動を通して，理解を深めていくことが大切である。

導入のアイディア ②

必要感を持たせ、よさを味わう場面を創る

第2学年 「かけ算」

◆**導入のアイディア**

　乗法は、1つ分の大きさが決まっているときに、そのいくつ分に当たる大きさを求める場合に用いられる。

　したがって、かけ算の導入では、全体の大きさを求めるときに、かたまりとしてみるととらえやすいこと、かたまりのいくつ分としてみると求められることのよさに気づかせていくことが大切である。

　よさを味わわせたいならば、よさが現れていないものと対比する場面を創ることがポイントである。

◆**教科書の導入を観てみよう**

　教科書では、身の回りの場を取りあげ、その中から全体の大きさを求める場面で導入している。

　その際、かたまりとしてみるよさを気づかせるために、かたまりとして見やすい場面と見にくい場面との両方を扱うことができるようになっている。

　そして、その2つを比べることにより、よさが味わえるようになっている。

　したがって、教科書の挿絵を読み取ってみることが大切である。

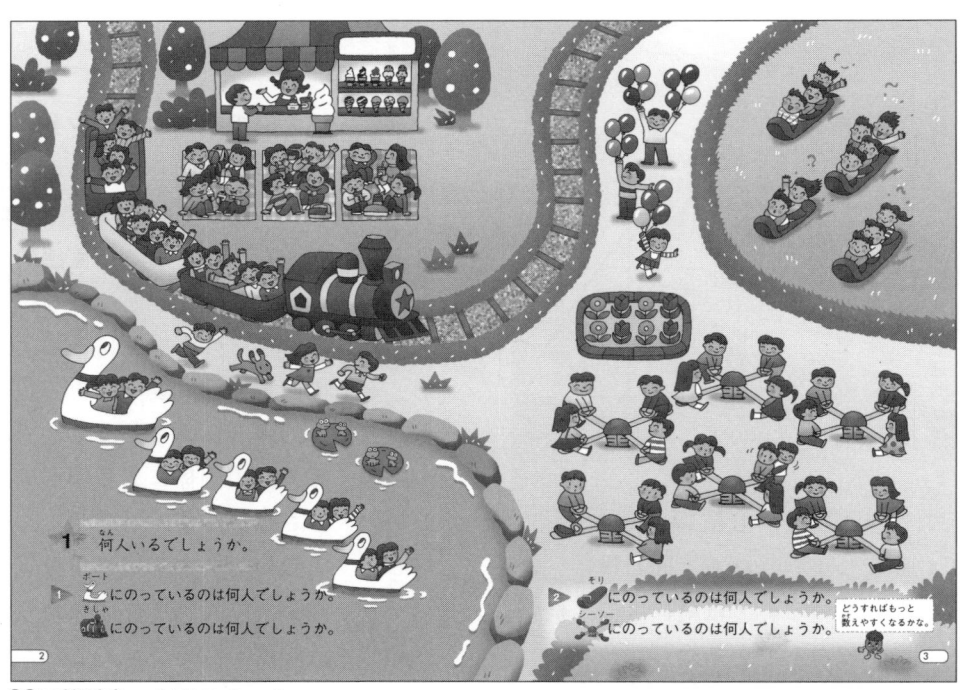

📖 同教科書　2下 P.2～3

導入のアイディア②　必要感を持たせ，よさを味わう場面を創る

　例えば，この教科書で言えば，挿絵を見ながら，まず左ページ（P.2）で，
　①ボートに何人乗っているでしょう。
　②汽車に乗っているのは何人でしょう。
と問いかけている。
　ボートに乗っている人数は，
- 2人ずつ5そうのボートに乗っているので10人。
- 2＋2＋2＋2＋2＝10だから10人。

　汽車に乗っている人数は，
- 5人ずつ3両で15人。
- 5＋5＋5＝15だから15人。

　ボート，汽車共に，同じ数ずつ乗っていて，比較的簡単に求められる。
　一方，右ページ（P.3）では，そりとシーソーに乗っている人数を聞いている。
　そりに乗っている人数は，
- 3，2，4，3人乗っているので12人。
- 3＋2＋4＋3＝12だから12人。

　シーソーに乗っている人数は，
- 4，3，4，5，4，4人乗っているので16人。
- 4＋3＋4＋5＋4＋4＝16だから16人。

　そり，シーソー共に，同じ数ずつ乗っていないので，求めるのはちょっと面倒くさい。
　その面倒くささを味わえるようにと考えて展開できるようになっている。
　ページをめくり，P.4を見てみると，同じ状況の場面で，今度はそり，シーソー共に同じ数ずつ乗っている挿絵となっている。
　しかも，全体の数は同じで，多いところの1人が少ないところに動けば，同じ数ずつ見ることができるようになっている。

📖同教科書　2下P.3

📖同教科書　2下P.4

　このようにP.3，P.4に工夫がなされている。

◆**だったら，私は……。**

　教科書の工夫を踏まえて，自分なりにアレンジしたい。
　教科書の挿絵を見て考えるという場面は，数多くある。ところが，今回の場合は，見えて数えてしまっては，まとめてとらえるよさを味わいにくい。

📖同教科書　2下P.4

そこで，次のような導入を考えた。
(1) **かたまりとしてとらえる必要感を持たせる**

求めるものの全体を見せない。

そこにかたまりのいくつ分と見る必要感が生まれてくる。

具体的に言えば，考えさせたいところで教科書を閉じさせる。

「先生，教科書開けて見ていい！」
といった声を引き出すようにするのである。

そして，教科書の挿絵で問題に関わってくる部分を拡大したものをフラッシュカード的にちょっとの時間見せる。

そのときの子どもたちは，挿絵を楽しそうに見ている目ではない。何人いるかを調べていくという目的をもった本気な目をしている。

ちょっとの時間見せることを繰り返すと，全体を数える時間がないので，次第に工夫してかたまりとしてとらえていく子どもたちの姿が見られる。かたまりのいくつ分で見ていこうとする姿である。

(2) **同じかたまりの大きさとしてとらえるよさを味わう**

同じ大きさのかたまりではない全体の大きさがとらえにくい場面を考える。

そこでは，「もし，この1人がここへ動くと同じかたまりと見えて求めやすくなる。」の声を引き出していきたい。

◆**授業構想**
(1) **教科書をもう一度見ていい？**

まず教科書の挿絵をゆっくりみんなで見ることから始める。

「どこかの遊園地だ。」
「池に白鳥のボートが浮かんでいる。」
「ボートに乗ったことあるよ。」
「ソフトクリーム屋さんがある。」
「そりですべっている。」

「汽車も動いている。」
「シーソーで遊んでいる。」
「風船も配っているよ。」
「3家族がお弁当を食べている。」
等々，いろいろな声が上がってくる。

盛り上がってきたところで，教科書を閉じさせる。

「ところで，ボートに何人乗っていたかわかるかな？」と問いかける。困った顔。

「先生，もう一度見ていい！」
といった声が上がる。その声を引き出すこと，それがここでのポイントである。

教科書を見て，ボートに乗っている人数を確認する。

📖同教科書　2下P.2

- 2人ずつ5そうのボートに乗っているので10人。
- 2＋2＋2＋2＋2＝10だから10人。

「次は，汽車に乗っている人数を聞こうかな？」
と投げかける。

すると，速くも真剣に汽車の絵を見つめて乗っている人の数を数えはじめる姿が見られる。

「教科書を閉じて。」
と教科書を再度閉じさせる。

ボートのときと同じ展開にすると，すでに先を読んでいる姿がとらえられる。ボートのときの指導の評価の場となる。

- 5人ずつ3両で15人。
- 5＋5＋5＝15だから15人。

(2) もっとゆっくり見せて！

教科書（P.3）の挿絵のそりの部分を拡大したものをフラッシュカード的にちょっとの時間見せる。

📖 同教科書　2下 P.3

「もっとゆっくり見せて！」

そのときの子どもたちは，挿絵を楽しそうに見ている目ではない。何人いるかを調べていこうとする本気な目をしている。

このように，ちょっとの時間だけ見せることを繰り返すと，次第に工夫してとらえていこうとする子どもたちの姿が見られる。ここまでが，私の考える「導入7分」である。

(3) もし，この一人がここへ動くと同じかたまりになる

教科書（P.3）の挿絵のそりの部分をフラッシュカード的に数回見せた後で，全部で何人いるかを問う。

答えの12人を確認するだけでなく，12人である根拠も明らかにする。

- 4台のそりに，3，2，4，3人が乗っているので12人。
- 3＋2＋4＋3＝12だから12人。

続いて，教科書（P.4）の挿絵のそりの部分をフラッシュカード的に数回見せる。そして，同じように，全部で何人いるかを問う。

📖 同教科書　2下 P.4

- 4台のそりに，3人ずつなので12人。
- 3＋3＋3＋3＝12だから12人。

2枚の挿絵を並べて黒板に貼る。

答えが同じ12人であることに気づくと共に，「この1人がここへ動いたからみんな同じになった。」といったつぶやきが出てくる。

「なるほど！　3，2，4，3人は，3，3，3，3人と同じ数だね。」とこの考えを認める。

次に，教科書（P.3）の挿絵のシーソーの部分を拡大したものを，フラッシュカード的に1回見せる。

「全部数える時間はないよね。どうする？」
「何人ずつ乗っているかよく見る。」
「シーソーが何台あるかよく見る。」
「いいアイディアだね。隣同士で相談している人もいるね。」

と見る観点を明確にして数回見せた後，全部で何人いるかを問う。

📖 同教科書　2下 P.3

「4人ずつ遊んでいる。」
「シーソーは6台ある。」
「ちょっと待って，5人のところがあった。」
「3人のところもあった。」
「もしあの1人が動いたら，みんな4人になる。」

授業の最初とは明らかに違う集中力で，場面をとらえようとする。

4人ずつ6台分の人数がいることを出させた後で，挿絵を提示し，答えを確認する。

同じ数ずつのまとまりがいくつかあるとき，かけ算の式で表すことができるという「かけ算の意味と記号」は次の時間に扱う。

導入のアイディア ③

大切な言葉を子どもから引き出す場面を創る

第1学年　「たしざん」

◆導入のアイディア

加法が用いられる場合として，次のようなものを挙げることができる。

①はじめにある数量に，追加したり，それから増加したりしたときの大きさを求める場合（増加），
②同時に存在する2つの数量を合わせた大きさを求める場合（合併），
③ある番号や順番から，さらに何番か後の番号や順番を求める場合（順序数を含む加法）

どの場合も2つの数量から全体の数量を求めるときに使うのであるから，大切なことは2つの数量が必要であることを意識づけること，そして2つの数量から「たし算」という計算を用いれば新しい数量がわかるよさを味わわせることである。

◆教科書の導入を観てみよう

どの教科書も扱う順序は別にして，「ふえるといくつ」「あわせていくつ」の2つの場面を取り上げ，たし算の意味の理解を図っている。

例えば，教科書では，1ページ目（P.35）のキツネの3枚の絵を見て，4に1増えると5になるお話づくりをする場面を取りあげ，まず「ふえる」というイメージを持たせるようにしている。

次に，2ページ目（P.36）の水槽に金魚を入れる場面で，3あって2増えると5になることを積み木の操作を用いて考えたり確認したりさせ，3＋2＝5と表すことを知らせる展開になっている。

一方，「あわせていくつ」の場面のページ（P.37）では，5と3を合わせると8になること，それを5＋3＝8と表すことを知らせる展開になっている。

◆だったら，私は……。

教科書はよく工夫されている。例えば，キツネの場面では，3つの絵を時系列で挙げ，増えるというイメージをとらえやすくしている。

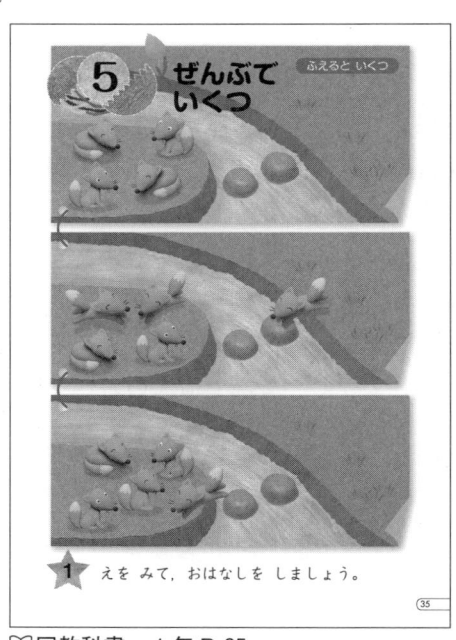

同教科書　1年 P.35

導入のアイディア③　大切な言葉を子どもから引き出す場面を創る

ただ，教科書にも限界がある。

例えば，増加の場面では，「増えると何匹になるでしょうか？」と問いかけてはいるが，挿絵を見れば答えがわかるので，子どもたちに「問い」も「できたときの感動」が生まれてきにくい。

そこで，次のような導入を考えた。

(1) 求めるものの全体を見せない

答えが見えてしまっているので，「問い」が生まれてこないのであるから，見せないことがポイントである。

例えば，増加の場面であったら，3場面にわけて紙芝居にする方法が考えられる。

特に，1場面，2場面は時系列で見せ，3場面目は，水槽全体を隠して，「金魚が何匹になったかな？」と問いかけるだけで取り組む意識が大きく異なってくる。

(2) 大切なものは子どもから引き出す

発言した子どもを褒め，認めることで，教師が伝えたいことがよりはっきり子どもたちに伝えることができる。

例えば，「はじめの数」「増えた数」が必要であることを意識づけるためには，子どもの口から，

「はじめに何匹いたの？」

「何匹増えたの？」

といった言葉を引き出すようにする。

さっき用いた紙芝居での手法を利用すれば，1枚目に数多く泳いでいる金魚を提示し，すぐにめくり2枚目に進む。

すると，「ちょっと待って！」と声が上がる。「どうして待って欲しいの？」と問い返すと，「だって，はじめに何匹いたかわからないとできないから。」と声が返ってくるであろう。その言葉を認める。

2枚目の絵の数を変え，2枚目をぱっとめくると，先ほどと同じように「待って！」という声。

「どうして待って欲しいの？」と問いかけると，「だって，増えた数がわからないと，～」といった言葉を引き出すことができる。

「はじめの数」「増えた数」が必要であることを意識づけるところまでが導入7分。

📖同教科書　1年 P.36

📖同教科書　1年 P.39

「はじめに5匹，あとから3匹増えると？」と紙芝居を使わずに言葉で問題を提示する。「みんなで何匹になっているかわかるかな？」と問いかけると，「わかる！」の力強い声と共に，ノートに絵を描いて求めようとする姿が見られる。

このように展開すると，「はじめの数」と「増えた数」がわかると，「全体の数がわかる」，そのよさを味わわせていくことができる。

◆授業構想
(1) ふえるといくつ？
　まず教科書（P.35）の挿絵をゆっくりみんなで見ることから始める。
「絵を見て，お話が作れるかな？」
と問いかける。
「きつねさんが遊んでいる。」
「4匹遊んでいる。」
「後から，1匹遅れてきた。」
「みんなで5匹になった。」
「みんなで仲良く遊んだ。」
ここでは「ふえると」「みんなで」「ぜんぶで」といった言葉を大切にしながら，増加のイメージをとらえられるようにする。

続いて，「今日は，増えたらいくつのお勉強をします」と宣言し，金魚の場面を提示していく。
「最初に金魚が3匹います。」

「あとから2匹入れます。」と付け加えて貼る。

「金魚はみんなで何匹になったかな？」
と投げかける。

「5匹。」との声。
「えっ！」「本当に？」「絶対？」
と問いかけると，
「だって，最初に3匹いて，2匹増えたから5匹になる。」
といった声を引き出す。

2枚の絵が一緒になった場面が見えているので，簡単に5匹と答える。
「すごい，しっかりお話ができましたね。確かに5匹ですね。」
と認める。そこまでが7分。

(2) もう一度見せて！
「増えたらいくつのお勉強，簡単だね。もう1回やってみるよ。」
と金魚の場面の紙を先ほどと同じように提示する。
「金魚がいます。」
と言って，5匹の金魚が描かれた絵をフラッシュ的に見せる。そして，裏にして提示する。
裏は，岩場に金魚が隠れた絵である。

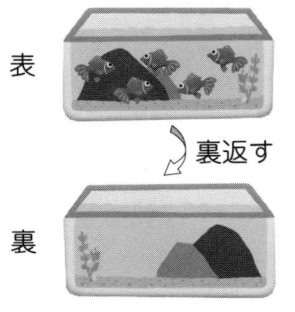

表

↪裏返す

裏

「先生金魚がいなくなりました。」
「岩に隠れちゃったのかな？」

■ 導入のアイディア③　大切な言葉を子どもから引き出す場面を創る

「先生，もう一度見せて！」
「どうして？」
「はじめに何匹入れたか見てみたいの。」
「はじめの数がわからないと困るんだ。」
と言いながら，「はじめの数」と板書する。
「では，もう一度見せますよ。」
真剣なまなざしで見る子どもたち。
「5匹だ。」の声から，「はじめに金魚が5匹います。」と確認して，紙を裏にして提示する。
「あとから3匹入れます。」と付け加えて貼る。

「金魚はみんなで何匹になったかな？」
と投げかける。
「8匹。」との声。
「えっ！」「本当に？」「絶対？」と問いかけ，
「だって，最初に5匹いて，3匹増えたから8匹になる。」
といった声を引き出す。
先ほどと異なり，最初にいた金魚が見えないので，やや難しさがある。
「すごい，しっかりお話ができましたね。確かに8匹ですね。」
と紙を裏返して8匹であることを確かめる。
その際，
「はじめのかず　5ひき」
「ふえたかず　3ひき」
「みんなで　8ひき」
と板書しておくようにする。

(3) 何匹入れたの？
「みんなすごいね。もう1回やるよ。」
と金魚の場面の紙を同じように提示する。

「金魚がいます。」
と言って，6匹の金魚が描かれた絵をフラッシュ的に見せる。そして，裏にして提示する。
裏は，岩場に金魚が隠れた絵である。
すでに数えて，ノートに6匹とメモしたり，6個の○を書いたりしておく姿が見られる。
「すごい，もう数えてメモしている人がいる。はじめの数が大切だったものね。」
とメモする姿勢を褒める。
「あとから金魚を入れます。」
と言いながら，4匹の金魚が描かれた絵をフラッシュ的に見せ，裏にして提示する。
「金魚はみんなで何匹になったかな？」
と投げかける。
「先生，もう一度見せて！」
「どうして？」
「あとから何匹入れたか見てみたいの。」
「ふえた数がわからないと困るんだ。」
「増えた数は4匹」と確認する。

はじめのかず　6ひき

ふえるかず　4ひき

みんなで？

「はじめのかず」「ふえたかず」がわかれば「みんなでいくつかわかるの？」と問いかける。
「わかる！」の声。
○を6個と4個描いて「10匹」という答えや，「10匹。だって，はじめに6匹いて，4匹増えたから10匹になる」といった説明がノートに書かれる。
この後，2つの数がわかれば3つ目の数がわかるおもしろさに気づかせていく。
たし算の記号や約束は次の時間に扱う。

21

導入のアイディア

④ 「おもしろさ」という味つけのしかたがポイント

第4学年 「大きな数」

◆導入のアイディア

　第3学年では，万の単位を導入して千万の位までの数について学習してきている。本学年では，億，兆の単位について指導し，十進位取り記数法についての理解を深めることになる。

　整数は十進位取り記数法によって表されているが，これは十進法と位取りの2つの考えを基本的な原理としている。
①それぞれの単位の個数が10になると新しい単位に置き換える。
②それぞれの単位を異なる記号を用いて表す代わりに，これを位置の違いで示す。

　導入に当たっては，数の範囲が億や兆になると数の大きさをとらえにくくなるので，例えば，国の人口や予算などのような具体的な場面を取り上げるようにしたい。

　また，いきなり億や兆の数を示すよりも，第3学年とのつながりがはっきりとらえられるような数から入るようにしたい。

　そこで，導入としては，最初にいろいろな国々の人口（1000万の位まで）の数を持ってきて，それから未習である日本の数を読ませていく展開をとる。

　その際，学習の中心問題が子どもの口から出てくるような場面を創っていくようにする。

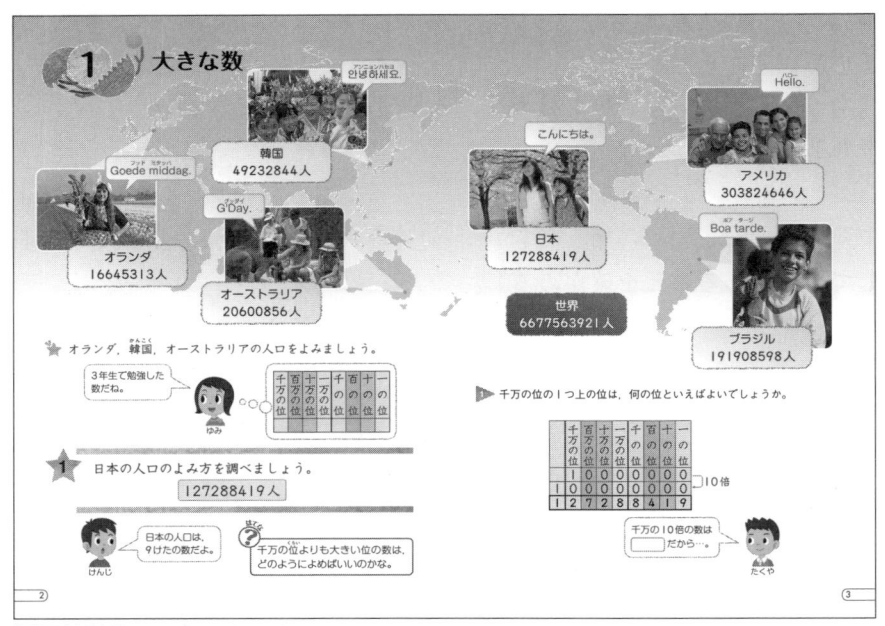

📖 同教科書　4上 P.2～3

導入のアイディア④ 「おもしろさ」という味つけのしかたがポイント

◆ 教科書の導入を観てみよう

　第4学年の「大きな数」の教科書を見てみる。日本には算数の教科書が6社あるので，この単元を見比べてみた。

　他社の教科書をなかなか手にすることは少ないと思われるが，教材研究をするときにできれば1社だけでなく他社と見比べてみると参考になることも多い。

　「大きな数」の導入を見てみる。新しく加わる内容がほとんどないので，今までの教科書と導入の仕方はほとんど変わらない。

　ほとんどの教科書（6社中5社）が，第4学年の第1単元に，この「大きな数」を載せている。（1社は4年上第3単元）

　また，どの教科書も第1時のねらいは，「1億の位までの数の読み方を知ること」としている。そして，6社とも「日本の人口の読み方」を取り上げている。日本の人口が，約1億3000万近くだからであろう。

　導入としては，最初に，いろいろな国々の人口（1000万の位まで）の数を持ってきて，それから未習である日本の数を読ませていく展開をとっている。

◆ だったら，私は……。

　本時の「導入7分」を考えてみよう。

　私は，まず本時の中心となる問題を考える。日本の人口を読もうとするならば，「1000万の位よりも大きな位の数はどのように読んだらよいのだろう？」と必ず子どもたちから「はてな？」が生まれてくる。

　例えば，「韓国，オランダ，オーストラリア」の国々の人口を読む活動で，既習内容を使って人口を読むことに興味を持つことができたならば，次に「日本は？」といくであろうと考えた。

ある程度導入を考えたならば，一度立ち止まって見直してみるようにしている。そのときの観点は，「おもしろさ」である。

　担任している子どもたちの笑顔や様子を思い浮かべてみると，「おもしろさ」という味つけが加わってくる。

　「どこで考えさせようか」がおもしろさの味つけの1つのポイントになっている。

◆ 授業構想

(1) 「韓国，オランダ，オーストラリア」の人口を隠して提示する

　世界地図を1枚用意し，韓国，オランダ，オーストラリアの3国の人口を提示する。

📖 同教科書　4上 P.2

　その際，教科書に提示されている人口を隠して各国の名前と挨拶の言葉だけを提示し，世界地図の上にカードを置かせる方法がある。

　あるいは，各国の言葉と人口を出し地図上に貼り，その国名を当てさせる導入からもおもしろい。

　とにかく，ここでは3国の人口を読みたくなる場を創っていくことが大切である。

　ここでは人口を隠して提示する方法をとる。

　「韓国，オランダ，オーストラリアの人口はどれくらいだろう？」
と投げかける。

　そして，次の3枚のカードを提示する。

導入のアイディア④

16645313人

206008656人

49232844人

　1枚ずつカードを取りあげ，みんなでその数を読む。
「1664万5313人。」
「本当？　確かめてみるよ。」
と言い，位取り板を板書しながら確かめてみる。

千万	百万	十万	一万	千	百	十	一
1	6	6	4	5	3	1	3

他の2枚のカードも同様に確かめてみる。

千万	百万	十万	一万	千	百	十	一
1	6	6	4	5	3	1	3
4	9	2	3	2	8	4	4
2	0	6	0	0	8	6	5	6

「韓国，オランダ，オーストラリアの人口はどれくらいだろう？」
と投げかけ，予想させる。
　この予想は，いわば当てずっぽうである。
　そこで，ヒントを出す。
「3つの国で一番人口が多いのは，韓国です。」
　その一言で，パッと声が聞こえる。
「韓国が49232844人だ。」
「3つの国で一番人口が少ないのは，オランダです。」
「オランダが16645313人ね。」
「だったら，オーストラリアが206008656人だ」。
　千万までの大きさは前学年で学習済みであるので，3つの国の人口の読み方を確認する。
　ここまでが，「導入7分」になるであろう。

(2) 「日本の人口は？」の中心問題を子どもの口から引き出す

　その導入がうまく展開したところで，次の3国（日本，アメリカ，ブラジル）を提示する。
　ここでも，教科書に提示されている各国の名前と挨拶の言葉だけで人口を隠して提示し，世界地図の上にカードを置かせる。

📖同教科書　4上 P.3

「日本，アメリカ，ブラジルの人口はどれくらいだろう？」
と投げかける。
　そして，次の3枚のカードを提示する。

303824646人

191908598人

127288419人

　まず，127288419人のカードを取り，
「日本の人口は，このカードです。」
とその数は読まずに数字が並んでいるカードを提示する。
　続いて，
「日本の人口は，先の3国（韓国，オランダ，オーストラリア）の人口よりも多いか少ないのかな？」
と問いかける。
「カード動かしていい？」
といった一言が聞こえ出す。

24

「今，言った友達の気持ちわかるかな？」
と問い返し，位取り板に置くと，その大きさがはっきりするというよさに気づくようにさせる。

	千万	百万	十万	一万	千	百	十	一
	1	6	6	4	5	3	1	3
		4	9	2	3	2	8	4
		2	0	6	0	8	6	5
1	2	7	2	8	8	4	1	9

　カードを置いた瞬間に，日本の人口が韓国，オランダ，オーストラリアの人口より多いことがわかる。
「日本の人口の方が多い。」
とつぶやく声に，
「どうしてわかるの？」
と問い返すと，
「だって，日本は何千万の単位より多いもの。」
といった論理が出されてくる。
「1億より多い。」
「1億2728万8419人。」
といった「日本の人口は？」と聞く前から既に知っている子どもから「億」という言葉が出されてくる。

(3) 千万の1つ上の位は億の位

「えっ，12千728万8419人と読むのではないの？」
と切り返すと，
「1000万が10集まると，1億になる。」
「1000万の10倍が1億。」
「だから，日本は1億2728万8419人。」
といった声が返ってくる。
「だったら，この数はいくつなの？」
と残りの2つのカードを読ませる。
　位取り板に並べて置き，それぞれのカードを読ませる。

	千万	百万	十万	一万	千	百	十	一
	1	6	6	4	5	3	1	3
	4	9	2	3	2	8	4	4
	2	0	6	0	8	6	5	6
1	2	7	2	8	8	4	1	9
3	0	3	8	2	4	6	4	6
1	9	1	9	0	8	5	9	8

「3億382万4646人。」
「1億9190万8598人。」
「すごい！　しっかり読めるんだ。ところで，アメリカとブラジル，人口が多いのは？」
「アメリカ！」
「そうだね，だからアメリカの人口は？」
「3億382万4646人。」
「だったら，ブラジルは？」
「1億9190万8598人。」
「だったら，世界の人口は？」
と問いかけ，次の学習につなげる。

◆大きな数の指導のポイント

　今回の学習指導要領では，スパイラルによる編成から，第3学年で1億についても取り扱うこととなった。
「1000万を10倍した数を1億といい，100000000と書きます。」
と第3学年で学習してきていることを受けて，第4学年では億や兆の単位を学習していく。
　そこで育てたい一貫した考え方は，十進位取り記数法の考えである。
　一億，十億，百億，千億，そして一兆，十兆，百兆，千兆と10倍ずつ位が上がっていくこと，4桁ずつ新しい単位が0～9までの数字で表されること。
　教科書の一部分を隠して提示したり，アレンジしたりしてちょっと工夫すると，授業がおもしろく変わってくる。

2 「盛山隆雄」の導入のつくり方

【私の導入術】
子どもにとって新鮮でわかりやすい導入を

1. 子どもにとって新鮮ですか

授業をする前に、自分の授業の導入をイメージする。そのとき、子どもにとって新鮮なものになっているか、と自分に問いかける。

新鮮なものにするには、子どもに出す問題を次のような視点で考える必要がある。

◆子どもにとって面白い問題か。
◆子どもにとって答えや考えの見通しがもてるものになっているか。
◆見通しが見えない問題でも、ぱっと見えるような奥の手の視点（手だて）があるか。
◆解決の仕方や結果に多様性があるか。
◆子どもの意欲をかきたてるか。
◆子どもが不思議に思ったり、面白いと感じたりする現象を見せられるか。
◆問題を示し過ぎていないか。どの条件を隠せるか。
◆算数的活動ができるか。
◆既習事項を生かせるか。
◆子どもが新しいことを発見できるか。自分で創れるか。

このような視点をもって、授業の導入問題、ならびに問題提示の仕方などを考えている。

例えば、1年生のたし算の学習を想起してみる。教科書を見ると、2つの容器に入っている金魚を1つの水槽に入れる。そして、全部で何匹かを問うのである。

合併のたし算を教える問題場面であるが、1年生の子どもにとってみれば、答えが見え見えであることが面白くない。水槽に移した金魚の数を、絵をみながら数えればいいだけである。教師は、たし算の式を教えたいと思って、このような場面を示している。しかし、子どもは、「何匹になったでしょう」という問題を解決することを考えている。ここに、教師と子どもの意識のずれが生まれている。

子どもにとってみれば、答えが見え見えの問題は面白くない。クイズでもなぞなぞでも、答えがすぐには見えないから面白いのだ。

では、どうするか。答えが見えないように隠すことである。教科書は見せないで、黒板上に問題場面を表現する。2つの容器に入っている金魚を1つの水槽に移す場面を子どもに見せる。その後、すぐに大きな水槽を画用紙などで隠す。そして、

「今、水槽には、何匹の金魚がいるでしょう。」と子どもに問う。すると、適当にその様子を見ていた子どもは戸惑うだろう。

「最初に2つの容器には、何匹ずつ金魚が入っていたのかな？」
といった問いが子どもに生まれる。たし算に必要な要素に着目しなければ答えを導くことができないからである。この点、最後のよう

な絵を見せることで、ただ数えるだけですんでしまう問題とは異なってくる。

例えば、最初の2つの容器に入っていた金魚の数が、3匹と4匹であることがわかると、その2つの数から、合計を導きだそうとする。

水槽が見えないので、3と4を足すという作業を、指を使ったり、おはじきを使ったりして求めなければならない。

「7匹だ！」

と答えを導いたら、いよいよ隠していた水槽の絵を見てみる。金魚を数えて7匹だとわかると、

「やったー！」

と感激するのだ。ちょっとした問題提示の工夫によって、子どもの感動が生まれる。感動を味わうだけでなく、たし算の本質的な理解が深まる。2項演算として、2つの要素がしっかりと分かれば、合併としての答えを導くことができることを理解するのである。

これは一例であるが、導入に「新鮮さ」が大切であるというのは、こういうことを言うのである。

2. 教材をシンプルにする

教材をシンプルに提示する。しかし、子どもの力によって、どんどん教えることの内容が広がったり、深まったりするのがよい教材である。

やたらと複雑な条件にして、子どもが問題を理解しにくかったり、1つの問題を解いたら、次の問題、次の問題とやりたい内容のところへ連れて行くのに、いくつものステップを踏まなければならなかったりするのは、よい教材とは言えないと思う。

また、「今日のめあては○○です。今日の問題は○○です。」と、授業を二重構造のように行うことはどうなのだろうか。例えば、「91枚の色紙があります。7人で同じ数ずつ分けると、1人分は何枚でしょう。」という問題を出して、「計算の仕方を考えよう」とめあて（課題）を出す。子どもにとって、問題を出されたので答えを導くのか、計算の仕方をいろいろ考えるのか、何を期待されているのかわかりづらい。

めあては、指導者側が把握しておくことである。問題を出して、子どもが問題を解決する中で、計算の仕方に着目するように教師が発問していけばすむ問題である。

では、どのような問題を出せばよいか、については、事例をご覧いただきたい。私自身、多くの研究授業を通して、失敗を繰り返しながら学んできたことである。

3.「ずれ」をつくり、子どもを本気にさせる

「ずれ」が子どもの問いを生む。その問いが、子どもの心に火をつける。

「ずれ」とは、当たり前と思っていたことや予想したことと結果とのずれ、自分の考えと友だちの考えとのずれなどである。

例えば、円を作図するときに、「コンパスを使わないで円をかきましょう」と言われたらとまどう。当たり前のように使っていたコンパスの使用を封じられた時、自分の意識と問題とのずれがあったのである。しかし、子どもは、むしろ面白がって様々な知恵を働かそうとする。

算数の授業において「ずれ」は、子どもを本気にさせるものとして、肯定的に受けとめるものである。それは、子どもが主体性をもつ瞬間をつくるからである。

導入のアイディア

1 数える対象を隠すことで，子どもを本気にさせる

第1学年 「10までの数」

◆導入のアイディア

「10までの数」の学習では，一般に数える対象は，教科書にある挿絵である。

子どもが喜ぶような生き物や遊具の絵を見ながら，数える対象を絞って数えていく。その際，集合を作るということも1つの課題となる。

また，ものの個数を比べるという活動も行う。1対1の対応をつけることで，個数の大小や相等を判断するのである。

数えるという行為自体が数詞とものを1対1に対応させることで数えているのだから，この1対1対応の考えは，大変重要なものである。

📖 小学校算数教科書　1年P.3　教育出版刊

しかし，ここでいくつかの問題点が浮き彫りになる。

- 数える対象を動かすことができないので，数え方の工夫に制限がある。どうすれば，子どもの思考・表現活動が活発になるか。
- 子どもの「数えたい」という意欲をどのように引き出すか。
- 1対1対応の考えを，子どもから引き出すにはどうすればよいか。

上記のような問題意識をもつ教師は，多いのではないだろうか。それらのことをクリアできたら，1年生の子どもたちが「はらはら，わくわく，どきどき」するような授業をつくることができるはずである。

問題点を踏まえて，私が考えた導入のアイディアは，数える対象を動かせるようにすることと，数える対象を隠すというものだった。

黒板に提示したブロックを，ブルーカーテン（青い布のこと。教室ではブルーカーテンと呼んだ）で隠す。

「3秒だけカーテンを開けるので，青色のブロックとピンク色のブロックのどちらが多いでしょうか。」

という問題を子どもに出した。カーテンの中には，青いブロックが8個，ピンク色のブロックが7個入っている。しかし，ばらばらに置かれているので，一瞬見ただけではどちらが多いか判断することができない。

導入のアイディア① 数える対象を隠すことで，子どもを本気にさせる

そこで，子どもにブロックを動かすことができることを伝える。どちらが多いかがわかるためには，どのようにブロックを並べればよいか，考えさせるのだ。このときに，1対1対応のアイディアを子どもから引き出す。

この活動の次には，それぞれのブロックの個数がいくつかについても考えさせる。次は，一瞬見ただけで個数がわかるようにブロックを並べるのである。これによって，数の見方を養う。

数える対象をカーテンで隠すことによって，子どもの意欲，子どもの豊かなアイディアを引き出すことができる。

◆授業構想

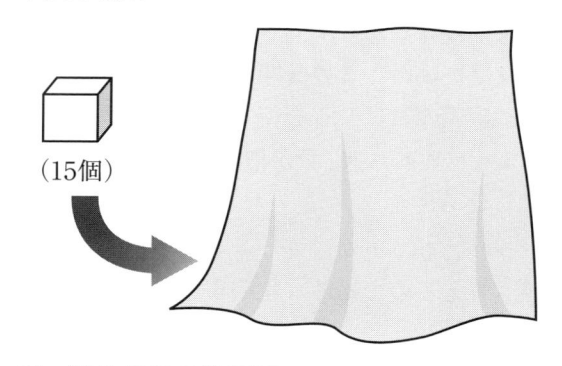

（15個）

(1) 導入7分の仕掛け
──あえて間違えさせる──

まず，15個のブロックを青色の面が見えるようにして黒板にばらばらに提示する。
「このブロックを全部カーテンの中に入れていくよ。」
と言って，みんなで数えながら，1個ずつブルーカーテンの中に入れていく。このときに，15個が数えられるかどうかは問題にしない。
「さあ，では見てみましょう。」
といってカーテンを一瞬めくる。すると，青色のブロックとピンク色のブロックが見える。
「うわー，ピンクが出てきた！」
といった反応が子どもから現れる。実は，ブロックを入れるときに，7個分のブロックは，裏返しにして置き，ピンクに変えておいたのだ。

ブロックは，片面が青色，その裏面がピンク色になっている。カーテンに入れるときに，そっとひっくり返して置けば，ピンク色になる。

「さて，青色とピンク色，どちらのブロックが多いでしょう。」
と問う。子どもに，多いと思う方に手を挙げさせたが，どちらが多いか判断できない。
「もう一度開けるよ。でも，3秒だけですよ。」
と言って開けて見せるが，やはり混乱するばかり。そこで，
「ブロックは動かせるよね。3秒だけ見てどちらが多いか分かるように，ブロックを並べられるかな？」
と言った。すると，子どもたちは考え出した。ある子どもがこう言った。
「ブロックをまっすぐに並べればいい。」
手を横に振りながら，その子どもは説明した。他の子どもも，
「そうそう。まっすぐに並べればいい。」
と復唱した。

そこで，カーテンの中で下のように並べてから，3秒ほど子どもに見せた。

ピンク色　▯▯▯▯▯▯▯

青　色　　▯▯▯▯▯▯▯▯

「ピンクの方が多い！」
といった反応が返ってきた。理由は，「長いから」だった。

ここまでが，私の考える導入7分である。子どもが夢中になって，考察の対象に働きかける。また，あえて子どもの誤概念を導く。それが導入の段階である。その後の展開によって，一旦間違った判断を修正し，正しい

考え方を子ども自ら創ることが大切だと考えている。

(2) 1対1対応のアイディアを引き出す

ほとんどの子どもが、ピンクの方が多いと言う中で、前の方に座っていた子どもが、
「でも、わからないよ。だって、そろってないもん。」
と呟いた。その言葉を全体に紹介した。もう一度見て、他の子どもも確かに比べられないのでは、と思い始めた。
「先生、ずるい。変な並べ方をしたでしょ。」
と、今度は、多くの子どもたちが言いだした。
「待ってよ。だって、まっすぐに並べればいいって言ったでしょ。」
と弁解するが、子どもたちはもう引かない。
「今度は、僕たちが並べる！」
と言い始めたのである。2人の子どもを指名して、ブルーカーテンの中で、並べ変えさせた。すると、次のように並べたのである。

ピンク色

青　色

このブロックを3秒だけ見せたら、すべての子どもが青色の方が多いと判断することができた。
「ピンクのブロックと青のブロック1個1個がそろっていないと、比べられない。」
と子どもは言っていた。
こうして、1対1対応のアイディアを子どもから引き出したのである。

(3) それぞれのブロックの個数はいくつ？

青色の方が多いと分かった後、次のように子どもに言った。
「そう言えば、ピンクと青は、それぞれ何個だった？」

この発問に対して、子どもたちは、きょとんとした顔をした。
どちらが多いかを考えていたので、それぞれの個数に目を向けていなかった。全員が
「わからない。」
と言った。そこで、
「もう一度、カーテンを3秒開けるから数えてね。」
と言ってブロックを見せた。まっすぐに並んでいるブロックを必死に数えようとするが、3秒では数えられない。「7個だよ」、「8個だ」…とあちらこちらで、議論する子どもの声が聞こえる。結論は1つになりそうもない。
「よし、それなら今度は、数が分かるように並べられるかな？」
と投げかけた。この発問に子どもたちは反応し、手元のおはじきを使って考え始めた。どのように並べれば、数が把握できるか、である。
しばらくして、考えたことを発表してもらった。もちろん、カーテンの中に入って、並べ替えるのである。次のように並べた子どもがいた。

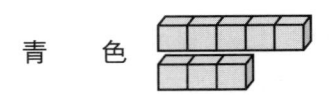

ピンク色

青　色

5個を1まとまりとして整理して並べた。実際に、この並べ方を3秒見せたら、全員が7個と8個を数えることができた。
さらに、次のように並べて見せる子どもがいた。

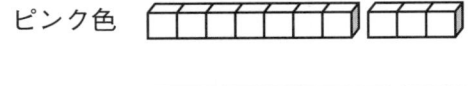

ピンク色

青　色

これは，ブロックを足して並べたのである。並び方を変えたわけではないが，10の補数を見せることによって，7個と8個を把握させようとしたのである。

この並べ方についても，他の子どもたちの反応は良かった。このような視点をもつことが素晴らしいと思われた。

◆**教科書を見てみよう！**

下のようなかわいい絵をもとに，仲間作りを行い，数を数えたり，どちらが多いかといった数の比較を行ったりする。

📖同教科書　1年P.4

数を数えるときには，おはじきやブロックに数を置き変えて数えるといった工夫をする。その際，1対1に対応させることが大切である。

このときのアレンジの仕方は，いくつか考えられる。

「黒板に○○の動物の数だけブロックを並べてみよう。」
と投げかけ，手元におはじきで表現させてから，黒板に提示してもらう。そして，数を確かめる。この活動を何度か繰り返すと，黒板にいくつかの仲間の数が表現される。それから，
「この中で一番数が多いのは何でしょう。」
と問うのである。

黒板を見ると，棒グラフのようにブロックが並べられているので，一番長いのを一番多いと子どもは判断することが多い。

そのときに，わざとブロックの並べ方の間隔をばらばらにしておく。一番長いのが，一番数が多いものにしないようにしておくのだ。

こうすると，子どもは，「そろえる」必要感を感じる。または，1対1対応の必要感を感じる。その感覚を言葉で表現させ，黒板のブロックの並べ方を修正する。

このような経験をした後に，ちょうちょの数とお花の数の比較をするのである。

教科書では，1対1に線で結ぶなどの方法を提示してしまっているが，それは見せない。見せなくても，子どもがその1対1対応のアイディアに気づくようにさせたい。

◆**10までの数の指導のポイント**

個数を比べたり，個数や順番を数えたりする活動をたくさんすることがポイントである。

個数を数えるためには，数詞が唱えられなければならない。その数詞を数える対象に1対1に対応させ，対応が完成したときの最後の数によってものの個数を表す。

子どもは，大きさが異なったり，位置が異なったり，状態が異なったり（開いた傘と閉じた傘など）すると，1として数えられないことがあるので，注意して指導したい。

個数を数えるという基本を繰り返し行うことが必要なのだが，少しでも楽しくこの活動を行うために，数える対象の一部を隠したり，どちらが多いかが一見してわからないものを扱ったりと教材を工夫することが大切である。

導入のアイディア

2 ゲーム性を生かして，概念を創る
第2学年 「三角形と四角形」

◆導入のアイディア

　三角形とは何か，四角形とは何かを教える授業である。大切なことは，子どもの言葉で概念をつくることである。

　例えば，教師が三角形を提示して三角形とは何かを説明してしまえば，それこそ導入7分で授業は終わってしまう。あとは，適用問題を繰り返すだけ。

　しかし，このような指導法では，子どもには薄っぺらな知識しか身に付かない。応用性，発展性のない知識になってしまう。

　そこで，子どもが夢中になって活動に取り組み，三角形とは何かを考えるような導入のあり方，授業構成のあり方を考える必要がある。

　一般に，図形の概念指導の授業は，図形を作る活動から始まる。考察の対象をまずは子どもに作らせるのである。そして，作ったものを，分類整理する。分類したものの集合の特徴を明らかにしてから，同じ集合に属する図形にネーミングする。

　このような授業構成があるのだが，私はいくつかの問題を感じている。

- どうやって分類整理する意欲を子どもにもたせるか。
- 分類整理する方法は，原則自由なはずだが，そうすると，指導者が期待する分類をしてくれないことがある。どうしたら指導者側が意図する分類をさせられるか。

　このような問題意識のもとに，考えたのが「くじ引き」による導入である。

　それは，下図のように，いろいろな形を黒板に提示するところから始まる。

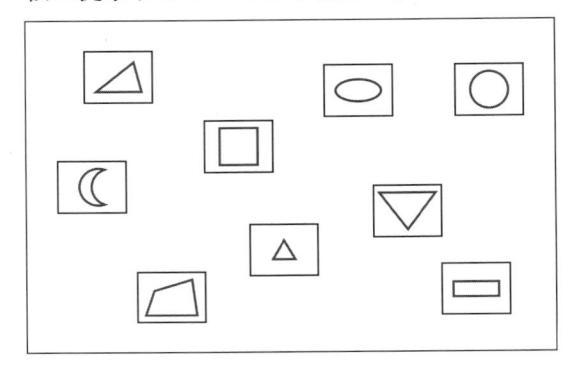

　形の裏には「当たり」，「はずれ」が書いてあり，それらの形を子どもが引いていく。最初は適当に引くしかない。しかし，当たりの形，はずれの形がいくつか出てくると，それらを手掛かりに，当たりを求めて引き始める。

　いくつかの当たりの形を観察して，帰納的に特徴を見い出し，同じ特徴をもつ形を引こうとするのである。

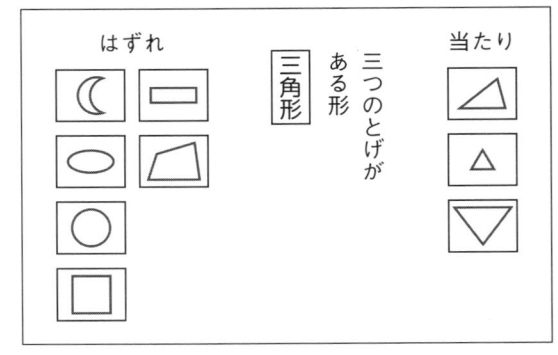

　上図のように，形を当たりとはずれに分類

したら，はずれの形はどのような形なのかを言葉で表現する。この実践をしたときは，

「3つのとげがある形」と子どもは最初に言っていた。角のことを，「とげ」と表現するあたりが2年生らしいところである。しかし，それでいいのだ。最初は，子どもの言葉をそのまま受け止め，板書しておく。

そして，その言葉を授業の中でよりよい言葉に高める作業を行う。2段階目の，当たり，はずれの判断をする場面を作ることによって，それが可能になる。詳細は，「授業構想」のところで記述する。

この授業では，考察の対象とする図形は，教師が提示することが特徴である。当たり，はずれは，授業者が決めておくので，授業展開にぶれが生じない。また，子どもは，当たりを求めて引くので，意欲的な分類整理を行うことになる。当たりの観点（特徴）を自分で見い出し，どれを引こうか判断するのがその活動にあたる。

◆授業構想
(1) 形くじ引きをする

「これから，形くじ引きをするよ。」

こう言って，いろいろな形を黒板に提示して見せた。子どもたちは，興味津々である。

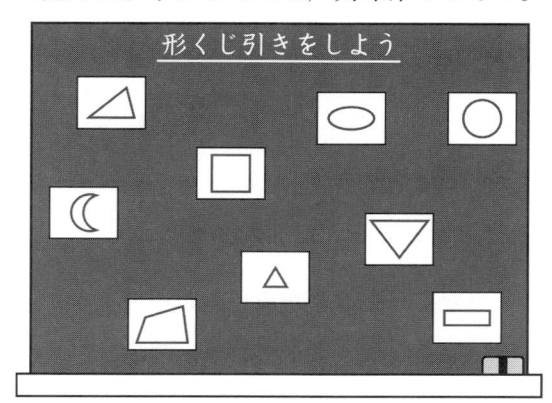

「この中から好きな形を引いてみよう。裏に当たりかはずれかが書いてあるよ。」

と説明して，くじ引きが始まった。

「これがいいです。」

（裏を見て，当たりかはずれかを，みんなに発表する。）

子どもたちが，一人1つずつ形を引いていく。10の形があれば，10人が引くことができる。導入の段階で，少しでも多くの子どもの気持ちを前向きにさせたい。

3つ4つ引いたら，次からは，どうしてその形を選ぶのか理由を言ってもらいながら引いてもらう。

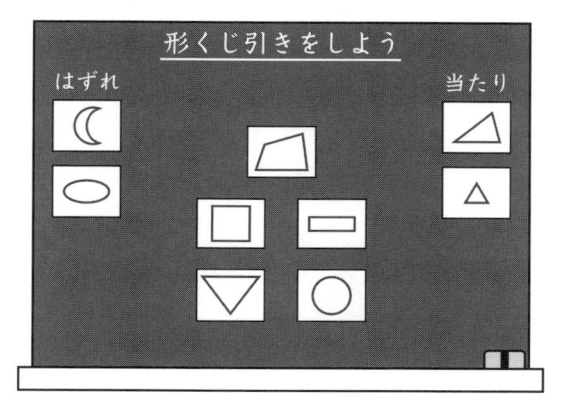

「どうしてこれがいいと思ったの？」
「だって，かどが3つあるから。」
「当たりの形は，みんなかどが3つあるでしょ。」
（実際に引いて見ると，当たりだった。）
「やったー。やっぱり当たりだ。かどが3つあるのを引けばいいんだ。」

ここまでが，私の考える導入7分である。

子どもの考えを聞きながら，くじ引きをしていく。そのときに出てくる大切な言葉は，板書する。例えば，「かどが3つあるから」といった言葉を書いていく。子どもの関心を引き，くじ引きを通して分類作業をしていくという段階である。

三角形の定義にあたる言葉は，たとえ未熟な表現であっても大切にするのは，三角形の定義をつくる材料にするためである。

(2) 定義の言葉をより明確にする

すべての形を引き終わったら，
「当たりの形の名前を知っているかな。これらは，『三角形』と言います。」
と言って，黒板に「三角形」と板書した。
「三角形はどんな形といっていいかな？」
とさらに聞くと，
「3つのかどがある形です。」
という言葉が子どもから返ってきた。この言葉は，既に板書してあるので，みんなが答えられることである。

一旦子どもの言葉で三角形について定義したら，次の形を見せる。

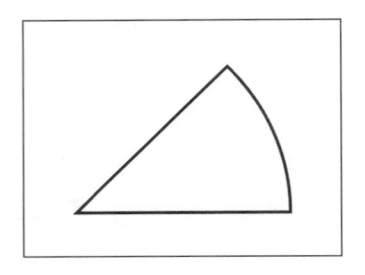

「まだ形が残っていました。この形は，当たりかな，はずれかな。」
「当たりだと思う人？　はずれだと思う人？」
（挙手をして両方に分かれる）
「当たりに手を挙げた人は，どうして当たりと思ったの？」
「だって，かどが3つあるから…。」
「はずれと思った人は，どうしてはずれと思ったの？」
「ここがそっているから。当たりの形は，みんなまっすぐな線になっているもん。」
このようなやりとりをして，この形の裏側を見ると，「はずれ」だった。
「ということは，当たりの三角形は，3つの角がある形という説明では足りないね。何と書けばいいかな？」
と尋ねた。
「3つのまっすぐな線でできている形でどうかな。」
「よし。では，当たりの三角形は，3つの角があって，3つのまっすぐな線でできている形でいいね。（板書する。）」

このように，新たに出した形を吟味することで，一旦定義した言葉を見直す作業をしていった。例えば，次のような形についても議論した。

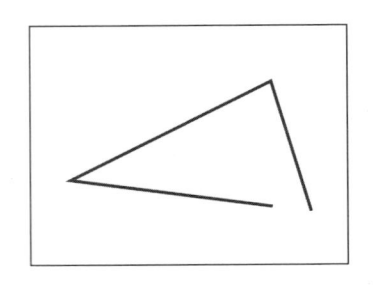

この形についても，子どもの判断は，当たりとはずれの両方に割れた。はずれと判断する子どもは，直線がつながっていないことを指摘した。議論した後に，形の裏を見るとはずれだった。その結果，子どもから次のような意見が出た。
「3つのまっすぐな線がつながっている形って言わないとだめだと思う。」

ここまできてから，みんなで教科書を開いてみた。教科書には，「三角形」についてどう書いてあるか読んだのである。
「三角形は，『3本の直線で囲まれている形』と書いてあります。」
「おー，僕たちが考えたのと，結構にているよ。」
「そうか，囲まれた形って言えばいいのか。」
このように子どもたちは，三角形について納得していったのである。

定義には，3つの角があることは触れられていなかった。しかし，「三角形」という漢

字は，3つの角がある形と読めることから，子どもたちは，どうして3つの角について触れないのか疑問に思っていた。

授業では，最後に当たりの三角形をノートに作図した。

◆教科書を見てみよう！

教科書では，動物にぶつからないように点と点を直線で結んで動物を囲む課題が出されている。

🕮 同教科書　2上 P.92～93

これだけの問題の条件では，1つの動物を囲むのに，直線を何本でも使ってよいのかと思われる。しかし，キャラクターが「できるだけ少ない数の直線でむすぼう。」と言って，条件をつけている。

囲んだあとは，それらを分類整理するのだが，ここでもそのときの発問に工夫が見られる。

「直線で囲んでできた形を，2つのなかまに分けましょう。」
と，分類する集合の数を2つに限定している点である。その後，教科書には，分類する①の枠に三角形，②の枠に四角形を1つずつ入れて見せて，「はてな？」のキャラクターが，
「①の形と②の形では何がちがうのかな。」
と投げかけている。

ここまでヒントを出せば，子どもの分類が，教師が意図しないような分類になることはないだろう。

この授業構成をアレンジするとすれば，例えば，ライオンを5本の直線で囲ったり，ゾウを6本の直線で囲んだりする子どもの考えを大切にすることである。

できるだけ少ない本数の直線で囲むという条件があるからといって，それらを誤答とはしない。2つの仲間に分けるときに，友だちから指摘されて修正されるにしても，必ず板書に残しておく。

三角形と四角形の定義を教えたときに，
「それならば，5本の直線で囲んだ形は何と言うのかな？」
と投げかけるのである。子どもは三角形や四角形の定義から類推して，「五角形」と答えるだろう。一見誤答と見られるものでもこのようにして生かせば，プラスアルファのことが学べる。

さらに，アレンジのポイントとして挙げておきたいのは，反例を出すということである。

1つの概念を理解するには，その概念にあてはまらないものと比較することが大切だと考えている。

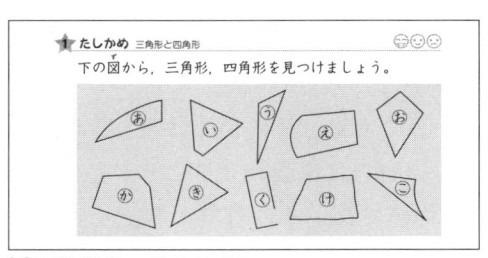

🕮 同教科書　2上 P.94

例えば，形を分類し終わったときに，上の問題の②や③を子どもに見せて，どの仲間に入るかを問うのである。

三角形にしても四角形にしても，「直線で囲まれた形」と定義にある。この部分を強調するには，直線で囲まれない形との比較が大切なのである。

導入のアイディア

3

固定観念を崩す場面を創る
第6学年 「資料の調べ方」をもとに

◆導入のアイディア

　一般に，度数分布表の導入では，例えば2クラス分のボール投げの記録があって，

「どちらのクラスの方が良く投げたと言えるでしょうか。」

というような問題が出てきた。その場合，平均で比較したり，例えば30m以上投げる人の数で比較したりと，多様なアイディアが出る。それもよいのだが，あまりにオープンな問い方なので，まとめるのに苦労した。

　まとめるという言い方をしたが，一体どのようなことがこの単元のポイントなのだろうか。

　この単元では，資料の特徴を捉えるのに，平均値という代表値で捉える見方を超えて，資料の分布の様子で捉える世界を知ることが，ポイントだと考えている。

　ということは，平均値では表しきれない特徴をもつ資料に出会わせることが必要になる。

「平均値では，その資料の特徴を捉えきれないぞ。」

「平均値では比較できないぞ。」

というような発見を，子どもに経験させることが必要である。

　この単元の導入の役割はそこにある。その上で，数直線上に資料の個々を表し，分布の様子を捉えることが大切なのである。

　もう1つ導入で必要だと思ったことは，子どもが引き込まれるような教材を用意することである。

　資料は教師が用意するにしても，何か工夫することができないかと思案した。

　その結果，2つの資料を使って，あるゲームを試みることにした。このゲームの結果には不思議な事が起こるので，子どもが自然に資料の分布の様子に目が向き，意見を出したくなるという設定である。

　用意した資料は，次のようなものである。

Aさん		Bさん	
115	125	150	90
135	110	135	100
120	125	125	110
115	115	140	200
125	130	130	100
120	100	70	135
120	115	80	80
130	140	120	125
105	120	100	190
100	135	140	80

　AさんとBさんが，じゃがいもを掘りに行ったという場面で，表の数値はじゃがいもの重さ（g単位）を表している。AさんもBさんも20個ずつとったのである。

　しかし，授業では，この表を最初から出したわけではない。じゃがいもに見立てたカードを黒板に提示した。カードの裏に重さが書いてあるので，子どもたちには重さは見えない。

ここで、ゲームをした。3枚ずつじゃがいもを引いて、「360gに近い方が勝ち」というゲームである。360gというのは、肉じゃがを作るための量とした。

教師と勝負ということで、3枚ずつ引いたのだが、何度やっても子どもが勝てない。このときは、5回勝負をすることができたが、5回とも教師が勝った。

この結果を見て、子どもが意見（文句）を言いはじめた。この時の子どもの意見の内容が、この授業で伝えたいことなのである。

◆授業構想
(1) 導入7分 ―平均値を確認する―

1週間前に、クラスでじゃがいも堀りに行った。その経験があったので、「じゃがいも」に関する問題場面を考えた。

「AさんとBさんがじゃがいも堀りに行きました。」

こう言って、下の写真のように、20枚ずつじゃがいも型の数カードを貼った。（裏には、じゃがいもの重さが書いてある。）

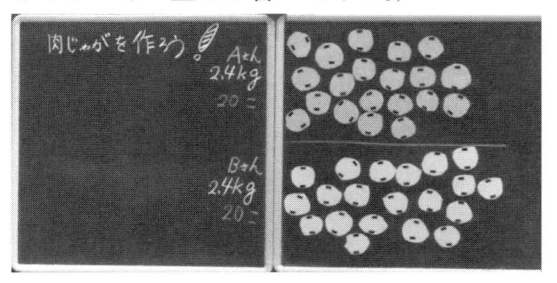

「AさんとBさんのじゃがいもは、2.4kgだったんだよ。」
と言って板書した。そして、次のような話もして、最初の発問に入った。

「AさんとBさんは、肉じゃがを作ることにしました。肉じゃがには、360gのじゃがいもを使います。」

さて、肉じゃがを作るには、およそ何個のじゃがいもが必要かな？

この授業の前まで、平均の学習をしていたので、次のように、平均を使って答える子どもが多かった。

「2400g÷20＝120、平均120g。120×3＝360だから、3個とればいい。」

A、B2つの資料の特徴を表すのに、代表値としての平均値を確認しておきたかった。

この授業は、平均とは異なる資料の見方を獲得する授業だからである。

ここまでが導入7分である。2つの資料の特徴を、既習の平均を使って捉えたところまでと考えている。

(2) ゲームをする

「AさんとBさんは、ゲームをしました。3個のじゃがいもを適当に取って、どちらが360gに近いかを競うというゲームです。」

「では、Aさん役、Bさん役に分かれて、そのゲームをやってみましょう。」

この後，3個ずつじゃがいもを取って，どちらが360gに近いかを競った。

合計5回戦行ったが，5回ともAさん役の方が勝った。3個のじゃがいもの重さの合計が，360gに近いのである。

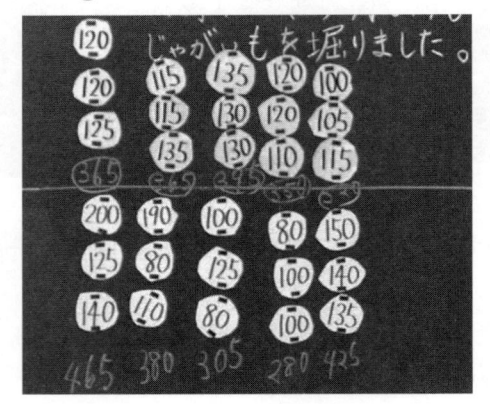

上の写真は，実際に5回ゲームをしたときのものである。1回に引くのは3枚ずつ。縦に並ぶ上の3つがAさんのじゃがいも。その下に縦に並ぶ3つがBさんのじゃがいもである。

上の3つの数値の和と，下の3つの数値の和を比較すると，いつも上の方が360に近い。

(2) 問いの究明

この結果を見て，
「どうしていつもAさんの方が勝つの？」
と子どもが言った。これは，クラス全体の問いになった。

そこで，考察するために，じゃがいもの重さが書いてある表を全員に配付した。（P.36で紹介した表）

まず，子どもから出てきた言葉は，
「Aはずるいよ！」
であった。

「だって，Aの方が……だもん。」

この「だって」の後に続く言葉が重要なのである。引き出したい言葉がそこにあると考えていた。

「Aは，一番重いのと，一番小さいのとの差が小さいよ。」

このような意見が出たら，すぐに
「それってどういうことかな？」
と問い返した。

子どもの言葉を問い返すことで，数が出てきたり，式が出てきたりする。説明を豊かにするには，このような問い返しの発問が重要である。

「ほら，Aさんのじゃがいもは，最大が140gで，最小が100gでしょ。140－100＝40で，その差が40gです。」

「Bの方は，最大が200gで，最小が70gです。だから，200－70＝130で，差が130gです。」

このように数値が出たり，式が出たりと，記号的表現が説明に加わっていった。さらに，

「Aは平均の120gに近くて，Bはばらつきがすごくある！」

「Bは平均から遠いんだ！」

「Aは平均に密集している。」

と，平均に「近い」「遠い」や「密集」「ばらつき」といった表現が登場した。

これらの言葉は，A，B，2つの資料の特徴を表す言葉である。

(平均は同じなのに異なる特徴をつかんでいく)

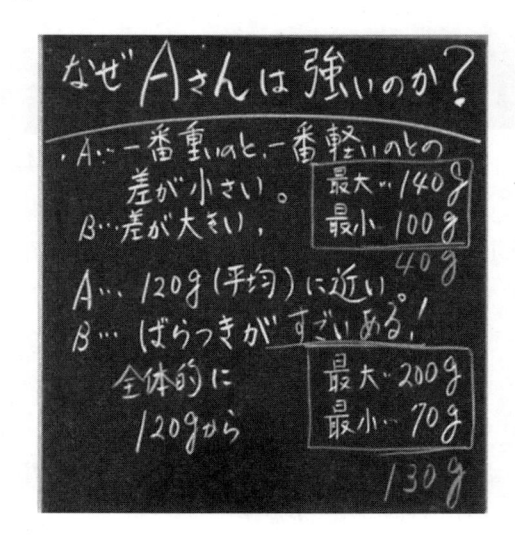

導入のアイディア③　固定観念を崩す場面を創る

子どもの多様な表現を前ページのように板書していった。

最後に，カードを使って，図に表した。数直線に表すという発想は，この時の授業では，子どもから出てきた。

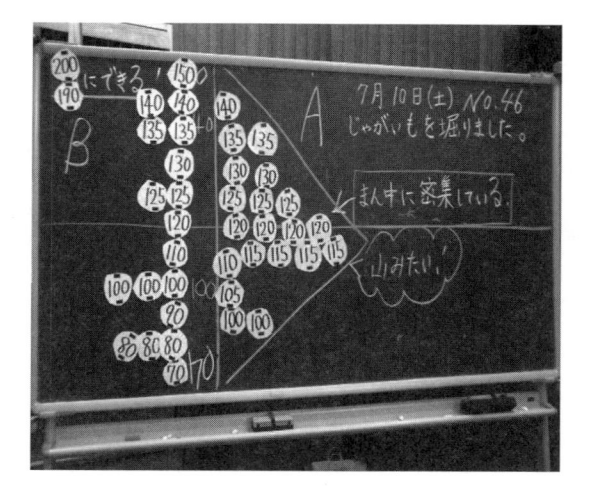

この図を使って，もう一度子どもが言ったことを説明してもらい，この授業は終わった。

◆**教科書を見てみよう！**

教科書では，2クラスのソフトボール投げの記録を，資料として出して比較させている。

📖 同教科書　6下 P.44

1組は19人分，2組は20人分と，それぞれ人数が異なるので，平均で比較するアイディアを出しやすい設定になっている点に工夫が見られる。実際に比較すると，1組は約29.3m，2組は29mとほとんど変わらない。

しかし，キャラクターが「いちばん遠くに投げたのは2組の人だけど…。」と述べている点に注目したい。この言葉は，2組の方が平均値は低いが，一番遠くに投げたのは2組の人であることを指摘している。つまり，散らばりの様子は異なることを暗に言っているのである。

教科書では，平均値で比較した後に，「はてな？」のキャラクターの言葉にあるように，「組全体の記録が……もっとくわしく調べられないかな。」と言って，散らばりの様子に目を向けさせる展開になっている。

その後，キャラクターが「記録の平均は同じぐらいでも，散らばりの様子はちがうね。」とまとめている。

この流れを見ると，結局ねらっていることは，私の紹介した事例と同じである。平均値を見るだけではとらえきれない資料の特徴を，散らばりの様子を見ることでおさえる。新しい資料の見方を獲得するということである。

教科書の教材を尊重するならば，最初から教師が平均で比較することを示さないで，まずは自由に比較させることである。

例えば，代表5人（上位5人）の記録で比較する，40m台，30m台，20m台，10m台それぞれが何人かを数えてみるなど，子どもの自由な発想で資料を分析する。その中で，散らばりに目を向けるような比較の仕方があれば取り上げる。

このような展開で授業を構成すれば，教師が引っ張るような授業展開にはならない。ねらいをしっかり把握した上で，子どもの発想を生かした楽しい授業を創りたいものである。

導入のアイディア

4 作図する四角形をイメージする
第4学年 「垂直，平行と四角形」をもとに

◆**導入のアイディア**

　通常，四角形の作図は，四角形の単元の仕上げとなる活動である。なぜなら，作図は，四角形の定義を用いて行うからである。作図を通して，四角形の定義の理解を評価することもできる。

　さて，この作図だが，無の状態から作図をするのは，難しいという子どもがいる。そのため，一般には2辺が描いてあって，残り2辺を描くといった課題の出し方が見られる。

　ただこのとき，作図する四角形（結果）や描き方（方法）が決められている。そこには自由性が乏しい。

　そこで，作図する四角形と作図の方法に多様性がある課題を提案したい。

　下の写真のように黒板に書き出した。

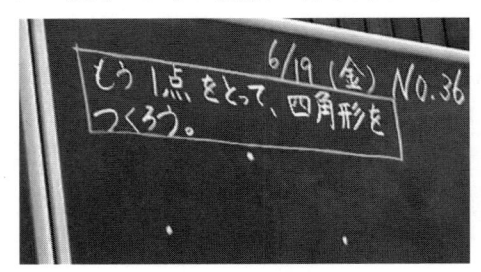

　黒板に3点を打って，

　「もう1点をとって，四角形をつくろう。」

と板書した。この3点は，直線で結ぶと二等辺三角形ができるように配置してある。

　この3点は，工作用紙に3つの穴をあけておき，それを使って打ったものである。その工作用紙を「自動3点取り機」と名付けた。

もう1点をどこかにとって，4点を直線で結び，四角形をつくる。どんな四角形ができるかを問うているのである。

　まずは，どんな四角形ができそうかをみんなで予想した。

　子どもからは，次のような予想が出てきた。

　ひし形，平行四辺形，正方形，長方形，台形，三角形から三角形をひいた形。

　予想した形を黒板に板書した。すると，子どもからこんな意見が出てきた。

　「本当に正方形はできるの？」

　そこで，まずは正方形から描いてみることにした。

　正方形ができるかどうかは，角度と辺の長さを問題にするということである。つまり，イメージした四角形が描けるかどうかの判断，実際に描くときの描き方は，その四角形の定義を使うということになるので，四角形の学習として意味があるのだ。

　この授業の導入のアイディアは，子どもが多様な四角形をイメージできること，作図をするときに多様な方法で描くことができることが特徴である。

◆**授業構想**

(1) どんな四角形ができるかな？

　前述のように板書して，

　「もう1点をとって，四角形をつくろう。」

と子どもに投げかけた。

じっと黒板を見つめる子どもたちであったが，少しずつイメージができ始めた様子であった。

そこで，ある列の子どもたち全員に順番に聞いてみた。

「ひし形ができると思います。」
「平行四辺形ができます。」
「正方形はどうかな。」

といった感じで，次々と四角形が発表された。

最後には，

「三角形から三角形を引いた形」

というのが出てきた。これについてどんな形かをつっこんで聞いてみると，次のような凹四角形のことであることがわかった。

さて，ここで，子どもから，

「正方形はできないのでは？」

といった意見が出た。

正方形ができるか，できないかという問いが生まれるのは，この後の四角形についての考察をする上で，価値のあると問いである。

ここまでが，導入7分である。あと1点の場所を想像しながら，さまざまな四角形のイメージをすること，そして，四角形について考察するきっかけをつくること，これが導入のねらいである。

(2) 四角形を作図しよう！

3点を結ぶと1つの角ができるが，その角度が90°ではないので，正方形はできないという意見があった。実際にその角を測ってみると，90°ではなかった。ということは，長方形も作図できないということである。

正方形と長方形が作図できないことがわかったので，次にひし形の作図に取り組んだ。

まず一人ひとりの子どもたちが，ワークシートに思い思い作図を試みた。そして，発表してもらった。

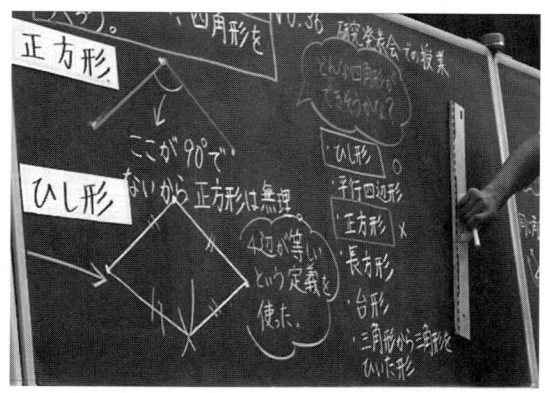

ひし形を描くのに，コンパスを使って作図した。作図したあとには，必ず次のようなやりとりをした。

「どんなことを使ってひし形を描いたの？」
「ひし形は，4辺が等しいということを使って描きました。」

作図をするときに，その形のどんな定義や性質を使っているかを明確にすることが，この授業のねらいである。

そのほかに，ひし形の描き方だけで2通りの方法が発表された。

1つは，対角線が直交することを使って描いたのである。

3点のうち2点を使って，まず1本の対角線を引く。そして，残ったもう1点から対角線に向けて垂線を引き，もう1本の対角線を作図するのである。ひし形の対角線は，直交することと，交点で対角線を2等分すること

を使って作図したのである。

もう1つは，ひし形の対角線を引いてできる2つの三角形が合同であることを使って作図した。

愉快だったのは，自動3点取り機を使ってもう1点をとる方法を思いついた子どもがいたことであった。

確かにこうすれば，下に合同な三角形を描くのと同じ要領でもう1点をとることができる。確実にひし形ができる。

この後，平行四辺形の話題に移っていった。

平行四辺形を作る場合は，どのようにしてもう1点を決めるのか。

1つは，平行四辺形は，2組の辺が平行であるという定義を使う作図である。

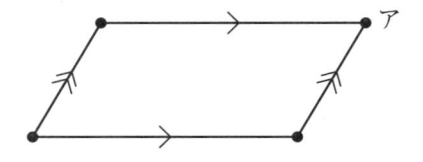

もう1つは，向かい合う辺の長さが等しいという性質を使った作図である。

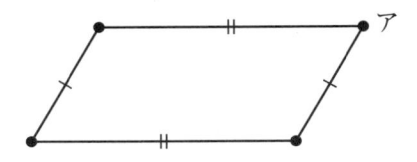

他には，二等辺三角形の対角線は，交点で互いに二等分されるという性質を使った作図である。

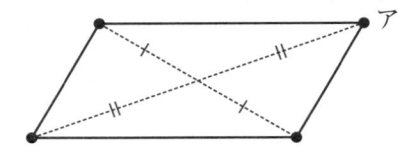

同じ点アを取る平行四辺形の作図でも，このように多様な描き方があることがわかる。

もう1点を取る，という一見して単純でわかりやすい問題だが，考えてみると奥が深い。

本時の授業は，ここまでで終わったが，次時は台形の作図を行った。

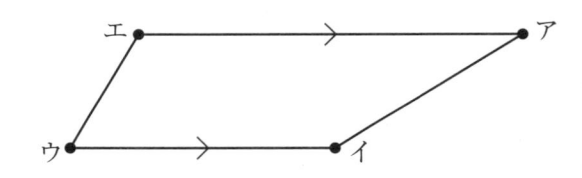

辺ウイと平行になるように辺エアを引く。子どもからは，

「無限にできるよ。」

といった声が聞こえた。辺ウイと辺エアは平行だが，この平行線上のどこに点アをとっても台形になる。そう考えると，台形が無限にできるというのである。

台形は，1組の辺が平行な四角形という定義の意味がよく理解できた瞬間であった。

2時間かけてたくさんの作図をし，しっかりと四角形の定義を振り返ることができたの

である。

◆**教科書を見てみよう！**

教科書でも，作図の目標とする形を示して「次のような平行四辺形を描きましょう。」と最初からすべてを描かせることはしていない。

まずは，下のように2本の辺を示して，続きを描くような課題の出し方をしている。

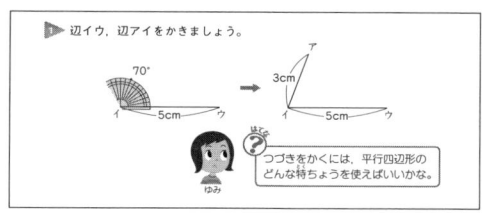

▶ 辺イウ，辺アイをかきましょう。

□ 同教科書　4下P.41

この点，私が示した事例と共通する。さらに，教科書では，2通りの描き方を例示している。多様性を認める点でも共通である。

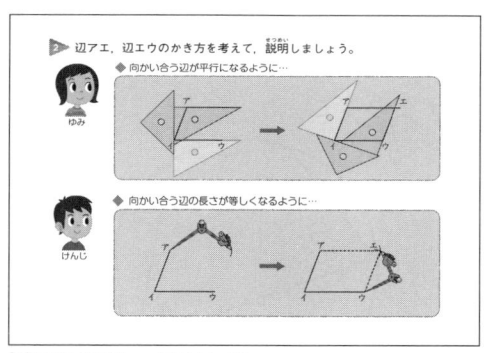

□ 同教科書　4下P.42

異なる点は，私の事例の場合は，作図できる形に多様性がある点である。教科書の場合は，決まった平行四辺形しかできない。

ところで，細かいことだが，教科書の展開の中でポイントと思われる点を述べておく。

平行四辺形の作図が2通り紹介されているが，それぞれの作図にあたって，キャラクターが重要な言葉を述べている。

「向かい合う辺が平行になるように…」

「向かい合う辺の長さが等しくなるように…」

これらの言葉は，平行四辺形の定義や性質を表した言葉である。

作図するときに，定義や性質を使っていることを意識させ，これらの言葉を使って作図の仕方を説明できるようにすることが大切である。

台形やひし形についても，定義や性質を使って，多様な作図の仕方を経験できるように指導したい。

◆**四角形の作図指導のポイント**

平行四辺形やひし形，台形といった四角形の学習では，直線（辺）の位置関係や辺の長さに着目することで，四角形の特徴を捉えることが重要である。

四角形の学習の前に，垂直と平行について学んでいる。直線の位置関係というのは，この垂直と平行のことを意味している。

四角形の作図をスムーズに行うためには，垂直な直線や平行な直線を引くことが基礎的な技能として必要である。また，コンパスを使って，等しい長さの線分を引くことも必要である。

このような基礎的な技能と，四角形の定義や性質の理解があって，四角形の作図ができることを意識することが，指導者にとって大切である。

3 「大野 桂」の導入のつくり方

【 私の導入術 】
子どもから「問い」を引き出す

1.「問い」は子どもから引き出す

　授業をしていると，あるとき子ども全員にスイッチが入ったかのような状態となり，問いに対して積極的にアプローチをしはじめる状況に遭遇することがある。この状況に共通して言えることは，「問い」が個で解決できるものでなく，議論をする必要性があり，「問い」が学級集団の問題となったときである。

　つまり，まず子どもたちに何かしらの課題を与えると，そこから個々の問いが生まれる。それを1つ1つ丁寧に解決し，突き詰めていくと，議論の必要性がある「問い」が表出してくる。これが学級集団で共有化された解決すべき「問題」となるということである。

　そのような一連の流れが組み込まれている例を以下に示す。

課題
次の円の中にある四角形の分かっていないところの内角の大きさ「あ」「い」をそれぞれ求めてみよう。

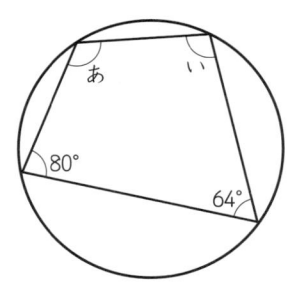

問い
C：四角形の内角の和は360°……。だけど，2つの角が分からないから求められない。
C：測ったら，「あ」116°で「い」100°だ。
C：あれっ。四角形の向かい合う角の和が180°になっている。
C：他の場合はどう？
C：測ると，「う」が72°で「え」が60°だ。
C：やっぱり四角形の向かい合う角の和が180°となっている。どうして？

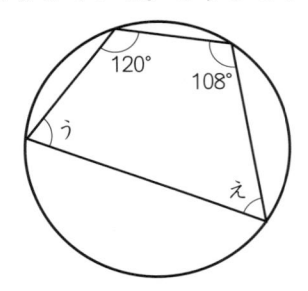

問題
どうして円の中にある四角形の向かい合う角の和が180°となるのか考えよう。

　上記のような，教師が課題を提示し，その課題を解決しようとする中で子どもから本質的な問いが生まれてくるという，プロセスが内在するように教材を設定していくことが，私が導入で大切にしていることである。

2. 子どもから「問い」を引き出す教材づくりのポイントの一例

子どもから「問い」を引き出すためには、指導法や授業構成も重要だが、私は教材が命であると考えている。以下に、その代表的な教材のポイントを2点示す。

(1) 誤概念との対峙

自分の持っている考えが否定的に感じたとき、子どもは「問い」を持つこととなる。つまり誤概念と概念の対峙が子どもの「問い」を引き出すのである。

例えば、2年「分数」で述べてみよう。

長四角の $\frac{1}{4}$ はどれ？

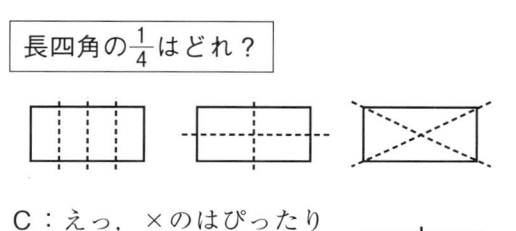

C：えっ、×のはぴったり重ならないよ。だから $\frac{1}{4}$ じゃないんじゃない？
C：形が違っても、大きさが同じなら平等だから $\frac{1}{4}$ じゃない？ 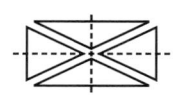

通常行われている「折り紙」の実践だと、正方形のため「分数が同じ」ということを「形も同じでなくてはならない」と誤った理解がなされている恐れがある。なぜなら、折り紙を折らせるという活動は、「大きさを合わせる」と同時に、「合同な形」をつくる活動だからである。

授業では、あえてその誤概念を引き出すために、正方形の折り紙を用いた授業の次の時間に、長方形の折り紙で同じことをさせるのである。そのことにより、子どもの誤概念が引き出され、そして概念との対峙をさせられることで、考える必要のある「問い」が生まれてくるのである。

(2) 「不思議さ」と「疑いの目」

人間は、「不思議」と感じたときに、「なんでだろう」と思う。これを授業に取り入れようということである。

以下の例は、4年「ともなって変わる2つの量」の導入である。この時計は、表が1時間進むと、裏は1時間戻る仕掛けになっているので、表の時針と裏の時針の和はいつでも一定となる。下の場合、和は15となる。

表が□時のとき、裏は何時かな？

表が1時のとき、裏は2時

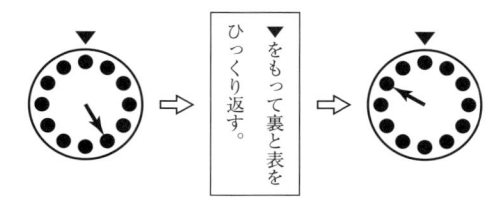

T：表が7時の時は、裏は何時だと思う？
C：表が6時間進んだから、裏も2時から6時間進んで8時になる。
T：「同じだけ進む」と考えたわけですね。
T：じゃあ表が10時の時、裏は何時？
C：9時間進むから……、11時だ。
T：では答えは……。5時です。
C：どうして？ 不思議！ 秘密があるはずだ！

子どもが自然に考えつく、「進めば進む」を一度引き出しておき、そうならない場面をあたえることで、「不思議さ」を感じさせ、「問い」を引き出していくのである。

私が整理しているだけでも、子どもが「はらはら、わくわく、どきどき」する教材づくりのポイントは7点程ある。すべてを示すことはできなかったが、明日の授業づくりに活かしていただければ幸いである。

導入のアイディア 1

「めんどくさい」が「もっとよい方法は？」を引き出す

第4学年 「わり算の筆算(1)」

◆導入のアイディア

　人間が新たな方法を「発見・創造」しようと意識するとき、その動機づけとなることの1つに、「面倒」と感じる時が挙げられる。「面倒」と感じれば、「よりよい方法はないか？」と考え、模索し始める。そして、結果として新たな方法を「発見・創造」していくのである。

　算数においてもそうである。算数の内容は思いつきやひらめきで創られてきたものではなく、「面倒」であったり、既知の内容では解決できないような問題に直面したときに、持っている知識や考え方を活用・改良して、新たな知識を「発見・創造」してきたのである。

　「発見・創造」を学習過程で捉えてみる。「発見」とは「子どもたちの純粋で多様な発想から未知の事柄やきまりを見つける」、「創造」とは「子どもたちの既知の素朴な方法や考えをより洗練された形式的な方法や考えへと創り上げていく」と解釈することができる。

　これを授業で捉えると、子どもたちが「考えを巡らし、試行錯誤しながら、ともに知識を創りあげていく」という、望ましい学習が展開されていくことが想像できる。

　このような学びを繰り返すことで、子どもたちは、よりよい算数・数学観を感得するとともに、さらには算数の内容の理解が促進され、よりよく数学的な考え方を身に付けさせることができるだろう。

　そこで本実践は、ここまで述べてきた、人間が問題に直面した時に自然に行う行動である、「発見・創造」を授業の導入のアイディアとして取り入れ、4年単元「わり算の筆算」において、子どもがわり算の筆算を「発見・創造」していく授業提案をする。特に、「面倒である」と人間が感じた時に、よりよい方法を模索していく子どもの姿に焦点を当てて述べることとする。具体的な導入のアイディアを以下に示す。

(1) 「めんどくさい」と感じさせるために具体操作から導入する

　本実践は、次の問題提示から導入する。

> スーツにボタンをつけようと思います。1着のスーツには9個のボタン（前と袖）が必要です。234個のボタンでは何着のスーツにボタンをつけることができますか。

　まずは、実際に子どもに234個のボタンを与え、何着作れるかを、9個ずつボタンをとっていくという包含除の操作をさせていく。子どもたちは、机の上で、9個ずつボタンをまとめていく作業を、一生懸命行っていく。しかし、ボタンが机から落ちてしまったり、また、作業を行うには十分な大きさの机でなかったりするため、9個ずつまとまりを作っていたつもりが、作業途中に混ざってしまい、やり直すことになるなど、上手くまとまりが作れずイライラし始める。そこで出てくる言

葉が、「めんどくさい」である。この言葉をきっかけに「式で解決する」という方向へと向かっていくこととなる。

(2) 稚拙な式表現から「めんどくさい」を引き出し、式の洗練を促す

具体物の作業の面倒さから、式による解決をさせていく。そこで重要なのが、まずは意図的に具体場面を式に表させていくということである。

$$234-9-9-9-9……-9-9-9-9-9=0$$

そうすることで、子どもたちは、何度も横の式で9を引いていくこととなる。ここで出てくるのが、やはり「めんどくさい」である。この言葉をきっかけに、「横の式だと計算がめんどうだから、筆算にする」などと「式の洗練」がなされていくこととなる。そして結果として、子どもたち、自らわり算の筆算を創造していくことになる。

ここまで述べてきたように、あえて教師が「面倒」な状況を与えていくことで、子どもは「より簡単な方法はないのか？」という「問い」を持ち、よりよい方法を模索し、そして新たな知識を創造していくことへと繋がっていくのである。これが、私の考える導入のアイディアの1つである。

◆授業構想
(1) 具体操作から「めんどくさい」を引き出し、子どもの問いを生成する

子どもには、一人ひとりが具体操作をできるよう、実際に234個のボタンを与えた。すると子どもたちは、234個のボタンを9個ずつまとめる活動をはじめた。しかし、操作を

していると、次第に面倒であると感じ、式で解決したいという言葉が上がってくる。

T：実際にボタンを使って、スーツが何着作れるか調べましょう。

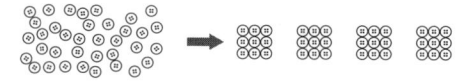

C：9個ずつ取るのがめんどくさい。
C：計算したらいけないの。
T：どういうこと。
C：今やっていることって、234÷9でしょ。
C：でも234÷9はならってないよ。
T：そうだね、まだやってないね。じゃあ234÷9を、今実際に手でやったことを式に表してみようか。

このような、現実場面を式で表していくという、つまり算数の舞台へ乗せて解決していこうとすることは、日常から算数へという意味でとても大切なことである。

この「めんどくさい」をきっかけに、「算数を用いて解決できないか？」という問いを引き出すということが、私の考える「導入7分」である。

(2) 「簡単・分かりやすい」の追求を通して式の洗練をする

導入7分のあとは、式を洗練していく場面である。子どもたちは、できるだけ面倒でなく、しかも計算しやすいという観点で、式の洗練を行っていった。

T：どのような式になったかな？
C：234から9を引けなくなるまで引くというひき算になった。

$$234-9-9-9-9……-9-9-9-9-9=0$$

T：そのひき算、計算したの？
C：面倒だし、引いてると途中で答えが分からなくなるから筆算にした。
C：確かに、横の式より筆算の方が計算は簡単

だ。

C：でも，9を何回も引くのは大変だなあ。

C：まとめて引けばいいんだよ。9が2つ分の18ずつ引けば，引く回数も半分になるよ。

C：それは，筆算の長さも半分になるしいいねえ。

C：だったら，もっとまとめちゃったら。

C：私は，9が5つ分の45ずつ引いてみた。

引いていくと54残ったときに，54は9が6個分だから54引いた。

C：残った54が，九九で9が6個分ってわかるのはいいねえ。

```
  2 3 4
-     9
  2 2 5
      ⋮
-     9
-   9 9
-   9 0
      0
```

```
  2 3 4
-   1 8
  2 1 6
-   1 8
  1 9 8
-   1 8
      ⋮
-   1 8
-   1 8
-   1 8
      0
```

```
  2 3 4
-   4 5
  1 8 9
-   4 5
  1 4 4
-   4 5
    9 9
-   4 5
    5 4
-   5 4
      0
```

(3) 9の倍数でひくことの共通点から，×10のよさを見いだしていく

　このあと，子どもは，自分の考えと仲間の考えを比較することで，自分の考えを反省し，よりよい考えを追究していき，×10とすることのよさを見いだしていくことになる。

C：どれにしても，9を何倍かした数で引いていけばいいんだね。

T：なるほど。引き方には共通点があるんだ。

T：いろんな引き方があるというのは分かったけど，どれがおすすめですか？

C：じゃあ，9を何倍した数で引くのがいいのか決めよう。

C：なるべく大きな数で引いた方がいいよ。

C：だったら9が10個分の90で引くのが，き

りがいい数だからいいんじゃない。

T：きりがいい数ってどういうこと。

C：9×10＝90は暗算でできるし，一の位が0になるからひき算も簡単。

C：暗算ができて，きりがいい数なら9×20＝180がいいんじゃない。

C：それが一番大きくて，きりのいい数だよ。

C：残った54も九九ですぐ9×6＝54って分かるよ。

C：もっと大きな数はないの。

C：9×30＝270で234を超えちゃうからだめ。だから9×20＝180が一番きりがよくて大きな数だよ。

C：なるほど。9×（10を何倍かした数）で割られる数を超えない数がいいんだね。

```
  2 3 4
-   9 0
  1 4 4
-   9 0
    5 4
-   5 4
      0
```

```
  2 3 4
- 1 8 0
    5 4
-   5 4
      0
```

　このように，素朴な考えから洗練された考えに至るまで，多様な考えが生まれるように授業設計し，知識が積み上っていくように教師の調整をかけていくことが大切である。

(4) わり算の筆算形式へと表現方法を洗練していく

　このあと，わり算の筆算形式に至らせるために，「答えは何になるの？　この計算にはわり算の答えが書かれていないね？」と問いを投げかける。すると子どもたちは，既習の加法や減法，乗法の筆算を想起し，商を記す場所や，表現方法の簡潔性を吟味しはじめ，わり算の筆算を創り上げていくこととなる。

T：わり算は，引き算の筆算を使って解くってことなんだね。

C：わり算にも筆算があるはずでしょ。

T：でも，この計算には割り算の答えが書かれていないよ。

C：じゃあ，割る数と答えを書けばいいんじゃん。

C：例えば，横に書けばいい。

C：それなら割る数も答えも分かるからいいね。

C：筆算はいままで位で揃えて計算したから，答えも位を揃えたら。下には書けないから上に書くとか。

C：これはいい。答えの計算もたし算の筆算をすればいいし。

```
    234
  -180 …9×20
    54 …9× 6
              +
              26
```

```
      6
     20
  234÷9
 -180
    54
  - 54
     0
```

　本提案は，ここまで述べてきた通り，包含除で導入し，「234の中に9がいくつ含まれるか」を求める方法を，よりよい方法はないかという問いを常に持ち，そして改良していく中で，「発見・創造」していった。

　このように，「もっとよい方法はないか？」という問いを持ち，改良・改善していくことは算数を学ぶ姿勢として，そして算数を価値づける，という意味で大変重要である。

　また，わり算の筆算を「発見・創造」し，「わられる数にわる数はいくつ入るのか」を考えるためだけの道具とした子どもたちは，「どんな数であってもやることは同じ」と捉えるようになる。つまり，通常は「空位がある場合のわり算の筆算」など，さまざまな場面の練習問題を行わなければならないが，「いくつ入るか」と一本化がなされた子どもたちにとっては，やることは同じであるため，練習の必要がなくなるのである。そしてその結果，授業時数の短縮へとつながるのである。

◆教科書をみてみよう

　教科書も工夫されていて，「位ごとに割る」という，わり算の筆算のアルゴリズムと直結させ，よりよくアルゴリズムを理解できるようにするため等分除で導入している。また，折り紙を分けるという状況にしたことで，「10枚の束」という発言が期待でき，一の位，十の位に分けて考える状況に発展するように上手な仕掛けがなされている。さらには84÷4，92÷4の繰り下がりのない場合とある場合の両方を仕組むことで，子どもが「わり算の筆算」を発展させていく仕掛けとなっていることも分かる。

📖 小学校算数教科書　4上 P.14　教育出版刊

◆教科書を少しアレンジしてみる

　教科書は大変工夫されているので，問題自体にアレンジを加える必要はないだろう。しかし，問題提示については，実際に折り紙を生活班4人などに渡し，分配する方法を具体操作と式を関連づけながら考えさせるようにした方が，実感的理解という意味でよい。また，班によって折り紙の枚数を変えておき，自然に繰り下がりが必要となる場面が授業の中で出てくるようにするのも，授業づくりのテクニックとして必要だろう。

◆割合の指導のポイント

　アルゴリズムをよりよく理解させるために等分除で導入すべきか，あるいは本提案で示した，子どもが筆算を創造できるようにするため包含除で導入すべきか，どちらかに決定することはできない。本提案がそのことを考えるきっかけとなり，子どものよりよい理解のために繋がれば幸いである。

導入のアイディア ②

「不思議」と「疑い」が「問い」を引き出す

第3学年 「かけ算のきまり」

◆導入のアイディア

本実践は，乗法について成り立つ性質を見直したり，活用したりする活動を通して，乗法を用いる能力を伸ばすことがねらいである。

ここでいう乗法について成り立つ性質とは，「交換法則」「結合法則」「分配法則」である。

3年生では，これらの性質を九九表やアレイ図などを考察することで，乗法九九を構成するための方法として使ってきた性質そのものに着目していき，子ども自らが乗法を用いる場合を広げていけるようにするのである。

本実践では，導入で子どもを不思議な状況に連れて行くことで，「はらはら，わくわく，どきどき」が生まれる授業構成にしてある。そして，その不思議さを，乗法の性質を活用し，アレイ図などを用いながら演繹的に明らかにしていくという授業展開とした。具体的な導入のアイディアを以下に示す。

(1) 素材について

本教材は，中学校の「文字と式」の単元で取り上げられる。それは，どんな2桁の数でも，その2桁の数から十の位と一の位の和を引くと，いつでも9の倍数になるという整数の性質であるが，これを教材化したものである。

例えば，2桁の数を38とすると，
38 −（3 + 8）=（30 − 3）+（8 − 8）= 30 − 3

$$= 3 \times 10 - 3 \times 1$$
$$= 3 \times (10 - 1)$$
$$= 3 \times 9$$

$$= 10 \times 3 - 1 \times 3$$
$$= (10 - 1) \times 3$$
$$= 9 \times 3$$

トピック問題であると思われるがそうではない。ここで扱われる「$3 \times 10 - 3 \times 1 = 3 \times 9$」，「$10 \times 3 - 1 \times 3 = 9 \times 3$」は，第3学年「かけ算のきまり」の学習内容である。

本教材は，小学校で扱えるように，不思議さを加えつつ，きまりが発見でき，その根拠を具体物や図で筋道立てて解決できるようにアレンジしたものである。

(2) 不思議な世界に引き込むことで「問い」を引き出す

本実践は，次のような課題から入る。

あなたが選んだマークを当てます。

次の手順に従って，マークを決めます。
① 2桁の数を頭に思い浮かべる
② ①の数から，その一の位の数をひく
③ ②，①の2桁の数の十の位の数を引く
④ 表から③の数のマークを選ぶ

これが，あなたの今日のマークです。

次の表を見ると分かるが，マークはどれも♡になっている。このマークを，教師が手品師のように的中させることで，子どもに不思議がらせるのである。そして，授業の流れの中で，「いつでも9の倍数になっている」と

いうことへ気づかせ，そこから「なぜ9の倍数になるのか」という「問い」を引き出していく。

〈今日のあなたのマーク表〉

0	♡	20	*	40	?	60	Ω	80	!
1	$	21	⚸	41	*	61	✡	81	♡
2	∫	22	†	42	$	62	!	82	Y
3	♌	23	?	43	#	63	♡	83	$
4	§	24	✪	44	*	64	†	84	$
5	#	25	♌	45	♡	65	✪	85	♌
6	$	26	!	46	?	66	⚸	86	♌
7	#	27	♡	47	♌	67	!	87	Ω
8	*	28	♤	48	§	68	†	88	?
9	♠	29	⚸	49	Ω	69	♠	89	†
10	?	30	♤	50	Y	70	§	90	♡
11	☆	31	Ω	51	♪	71	*	91	☆
12	⚸	32	$	52	♤	72	♠	92	♌
13	§	33	♌	53	♌	73	♌	93	Y
14	Ω	34	☆	54	♠	74	♠	94	⚸
15	#	35	!	55	⚸	75	☆	95	*
16	⚸	36	♡	56	☆	76	#	96	∫
17	✡	37	§	57	♌	77	∫	97	✪
18	♡	38	†	58	†	78	⚸	98	$
19	Y	39	Y	59	♌	79	♠	99	♡

◆授業構想

(1) 「不思議」と「疑い」を引き出す

　導入のポイントは，子どもが選んだマークを教師が的中させるところにある。「誰にも数とマークを教えてはいけない」という約束をし，教師が子どものマークを当てていくのである。マークを当てる際には，一人ずつ当てるようにし，本人にしか分からないようにする。そうすることで，「私も当てて欲しい」という意欲を喚起するとともに，「何かしかけがあるのではないか」という疑問を引き出すようにする。当然，最初はマークを当てられることで不思議がる。しかし，少しずつマークや数の情報が漏れ始めることで，次第に子どもたちは，「みんなのマークは同じじゃないか？」と疑い始めることとなる。その言葉を取り上げ，マークが全員一致することを打ち明ける。そこから，「なぜマークが同じ

になるのか」という「問い」を引き出し，その根拠を自ら追究させていくようにするのである。

―――

T：手順に従って計算して，表からマークを選びましょう。
T：結果の数とマークは周りの人には内緒です。絶対に人に教えてはいけませんよ。
C_1：①26　　　　　　C_2：①75
　　②26 − 6 = 20　　　　②75 − 5 = 70
　　③20 − 2 = 18　　　　③70 − 7 = 63
　　④♡　　　　　　　　④♡
T：それでは，なんと先生がみなさんが選んだマークを見事当ててみせましょう。
　（代表者を前に呼び，マークを的中させる）
C：当たり！　なんで分かるの？
C：僕のも当ててみて！
　（マークの情報が徐々に漏れ始める）
C：僕のマーク隣の人と同じなんだけど…。
C：あっ，私も同じ。みんな♡じゃん。
C：先生なんか仕掛けがあるんでしょ。

―――

　上記で示したように，「不思議な状況」に追い込み，「仕掛けがあるはずだ」と疑わせ，「理由を明らかにしたい」と子どもに感じさせることが，私の考える「導入7分」である。

(2) 問いを生み出す

　導入7分後，まずは，どんな2桁の数でも，計算の手順によって9の倍数になることに気づかせていきたい。そこで，手順の結果出た③の数をいくつか発表させていく。

―――

C：2桁の数は自分で自由に選んだのに，どうしてみんな同じマークになるの？
T：とりあえず何か気づくかもしれないから，③の数を発表してみようか。
　　　　　18　9　63　27　54
T：ほらっ，みんなバラバラな数でしょ。仕掛けなんかないですよ。

C：でも，僕も同じ54だ。
（数名が自分も同じ数だと主張する）
C：あっ，どれも9の段の答えになっている。
C：9の段の答えのマークが♡になっているか見たいから，もう一度表を見せて。
C：やっぱり♡だ。
C：でも，なんで計算結果が9の段になるの。

　いくつかの数を発表させ，その共通点を探らせることで，9の倍数になっていることに気づかせていく。9の倍数に気づくと，その確証を得るために，表をもう一度確認したいと子どもが言い出すことが想定させる。それを確認させた時点で，計算の結果が9の倍数となることを明かす。
　ここで数名の子どもが，「計算の結果が，なぜ9の倍数になるのか」という「問い」を表出することが想定される。そこで，その発言を取り上げ，問題解決に向かわせていくようにする。

(3) **具体物操作，図表現，式を関連づけさせながら根拠を明らかにしていく**

　仕掛けの根拠を明らかにさせていくために，まずは課題で共通していたことを問い，計算の手順の結果に仕掛けがあることに気づかせていく。そして，子どもの意識が，手順が共通であったことに焦点化されたら，次は，計算結果が同じになるものをいくつか取り上げ，式の共通性を探らせていく中で，9の倍数の根拠を明らかにさせていく。

C：選んだ数はバラバラなのになんで…。
T：確かに数はバラバラだったね。でも，みんなに共通することもあったでしょ。
C：計算の手順…。
C：そうか！　計算の手順に仕掛けがあるんだ。
T：じゃあ，取りあえず，同じ答えになった

人の計算の手順を確認してみましょうか。

①38　　　　①36　　　　①32
②38－8＝30　②36－6＝30　②32－3＝30
③30－3＝27　③30－3＝27　③30－3＝27

C：どれも，30－3になってるよ。
C：分かった。②で一の位を引くからだよ。だから必ず③は30－3になるんだよ。
T：言葉だとよく分からないから，ブロックを使って説明するよ。

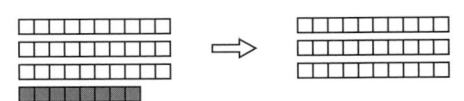

C：だったら，どんな2桁の数だって，必ず③は（何十）－（一の位）になるね。

　このことに気づいたら，まとめの，（何十）－（一の位）が9の倍数になることを明らかにしていく場面である。子どもの実態によって，式のみで9の段になることを見いだすことは困難なことが想定される。そこで，ブロックを活用させながら解決に向かわせていく。

T：あと3個ブロックをとると，9の段が見えますか？
C：10のかたまりから3個とると…。27にはなるけど，9の段には見えない。 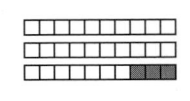
C：あっ，10のまとまりから1個ずつ取れば9のまとまりが3つになる。

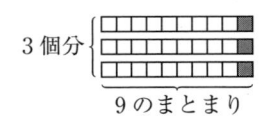

3個分｛　　　　　　　　　　
　　　9のまとまり

　ブロックで行った操作を式化させることで，かけ算のきまりに気づかせていくと同時に，どんな2桁の数でも手順に従って計算することで，必ず9の段になることの一般化を図る。

T：式にするとどうなるかな？
　　30－3＝10×3－1×3＝9×3
C：3まとまりでも見られる。

3のまとまり　|□□□□□□□□□▪|
　　　　　　　　9個分

式にすると　$3 \times 10 - 3 \times 1 = 3 \times 9$
C：だったら，どんな2桁の数でも，必ず9×□や□×9になるから9の段になるよ。

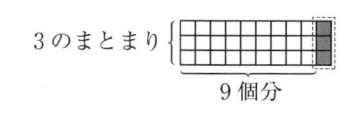

上記のように，直面した問題を解決する見通しが立たない場合，その問題場面を具体物で表し操作してみたり，図で表してみることで仕組みが見えてくるということ，そして，そのことを式と関連づけることで，仕組みが明らかになるということを経験させることは，問題解決力を育む上で大切である。

◆教科書をみてみよう

教科書も工夫されて，かけ算のきまりを意味もなく発見させるのではなく，きまりを発見する必要がある状況の設定をし，子どもが主体的にかけ算のきまりを見いだせるようにしているのである。例えば，かけ算のきまりを発見させる状況として，7×4の答えを忘れてしまったという状況を設定し，それを解決するために，九九表からかけ算のきまりを見いださせようとしている。具体的には，かける数が1増えると，かけられる数が7増えるという九九の性質に着目させ，$7 \times 4 = 7 \times 3 + 7$といった関係を捉えさせていくのである。

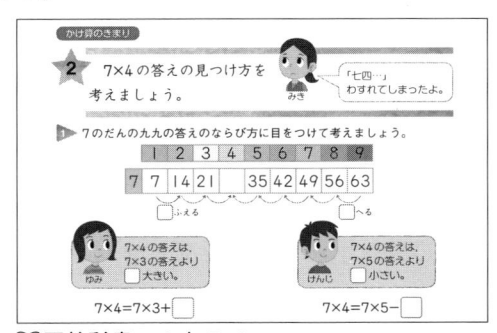

📖同教科書　3上 P.4

◆教科書を少しアレンジしてみる

わくわく感を出すために，教科書を自分なりにアレンジしてみよう。先の九九表に着目させてきまりを発見させる場面では，次のように九九表の一部を切り抜き，一ヶ所だけ数を抜けさせておき，「ここには何の数が入るでしょう」という発問から始める。

9	12	15
12	□	20
15	20	25

子どもたちは，12と20の差が8であることから，$12 + 4 = \square$，$\square + 4 = 20$となることに気づくことが想定される。また数の並びから九九表の切り抜きであることに気づき，□の数が16であることを説明していく中で，「$12 = 4 \times 3$だから，$\square = 4 \times 3 + 4 = 4 \times 4$」といったかけ算のきまりを主体的に発見，そして活用していくことが思い浮かばないだろうか。

教科書の一部を「切り抜く」，そして「隠す」という工夫をすることで，子どもが「はらはら，わくわく，どきどき」する授業へと変えることができるのである。

◆かけ算のきまりの指導のポイント

「かけ算のきまり」を学ばせる際に大切なことは2つある。その1つは，かけ算のきまりを「発見」させるということである。このことについては，数多くの実践がなされており，研究も進んである。しかし，きまりは「発見」で終わってはいけない。「活用」できて初めて意味のあるものになる。そこで今回は，「きまりの活用」に重点を置いた提案をさせていただいた。本提案が，子どもが「きまりを活用する授業」を考えるきっかけとなれば幸いである。

導入のアイディア ③

誤概念との対峙から「問い」を引き出す

第5学年 「割合」

◆導入のアイディア

　人間が概念を理解する際に，その概念が適用される場面と適用されない場面を対峙させ，その区別をつけるという活動を行うことで，その概念が確かなものであると判断することがある。

　つまり，子どもに概念を正しく理解させるには，授業において，子どもから正しい概念と誤概念を引き出し，その2つの考えを対峙させ，どちらが妥当であるかということを吟味させる場面が必要なのである。

　例えば，数値を比較する場合には，「差による比較」と「倍による比較」の2つの比較の仕方がある。「差による比較」は，子どもが日常的に行う「試合の点数差」などがそうである。一方の「倍による比較」は，本実践の第5学年「割合」で扱う「～％引き」といった買い物場面などで経験してはいるが，子ども自身が「倍による比較」を用いることは生活上ではあまりない。

　このあまり経験のない，そして理解の困難であるといわれている「割合」，つまり「倍による比較」を子どもに理解させるためには，この2つの見方を対峙させ，どちらが妥当であるかという吟味をさせ，確実に使い分けできるようにすることが重要となってくるのである。

　そこで第5学年「割合」の導入素材では，概念となる「倍による比較」と，誤概念となる「差による比較」を引き出し，その2つの見方を対峙させ，その妥当性を吟味させる中で「割合の概念」を理解させるために，以下の様な素材を扱うことを提案する。

> 下のチョコ棒はMサイズです。全体の長さが45cmであるLサイズのチョコ棒を作ります。アとイどちらの長さだけチョコを塗ればよいでしょう？
>
> M　　全体30cm，チョコ20cm
>
> ア　　全体45cm，チョコ30cm
>
> イ　　全体45cm，チョコ35cm

　上記に示したアの見方が「全体が1.5倍になったから，チョコも1.5倍になる」という「倍による比較」であり，イの見方が「全体が15cm伸びたから，チョコも15cm伸びる」という「差による比較」となる。

　この2つの見方をあえて問題に提示しておくことで，差と倍の2つの考え方が子どもから引き出され，その2つの比較の仕方のどちらを選択するべきかを，それぞれの比較の仕方の妥当性や不適当性を吟味させ，説明させていくことで，「割合の概念」を理解させていくのである。

◆授業構想
(1) 直感による判断と数値提示によって生まれる判断のゆさぶりから，子どもの問いを生成する

まずは，紙テープで作った実物大のチョコ棒を，数値は示さず提示し，視覚による判断でアとイのどちらが元と同じようにチョコが塗られているかの判断をさせていく。

子どもたちは，全体の長さとチョコの長さのバランスに着目して，視覚による直感から正答である「倍」で構成されているアを選択する子どもが多いことが想定される。実際の授業では，学級人数の$\frac{3}{4}$がアが正答である判断し，$\frac{1}{4}$が視覚ではどちらが正しいか判断できないと答えていた。

次に，正答がどちらであるかを判断するにはどうしたらよいかを子どもに問うと，「数値が必要」と答えるだろう。そこで，子どもに実際に，長さを測らせることで数値を求めさせる。

ここで今度は，子どもたちに数値に着目して判断するように求める。すると視覚では，どうもアが正しいと概ね決定していたのが，2つの対立した状況が生まれることになる。

その1つは，視覚で判断した通り，アは「全体が1.5倍になったから，チョコも1.5倍になっている」ということに気づき，「倍」で構成されているアが正答であると判断を変えない子どもである。

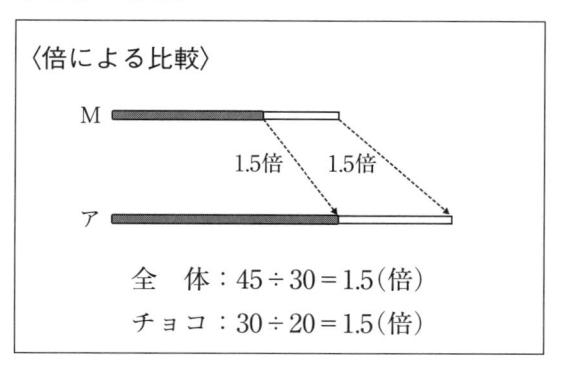

〈倍による比較〉

M
1.5倍　1.5倍
ア

全　体：45÷30＝1.5（倍）
チョコ：30÷20＝1.5（倍）

これとは反対に，容易に数値による判断ができる「差」となっているイが「15cm差」となっているということに気づき，視覚ではアと判断していた子どもが，イが正答であると判断を変更する子どもが多数表れてくる。

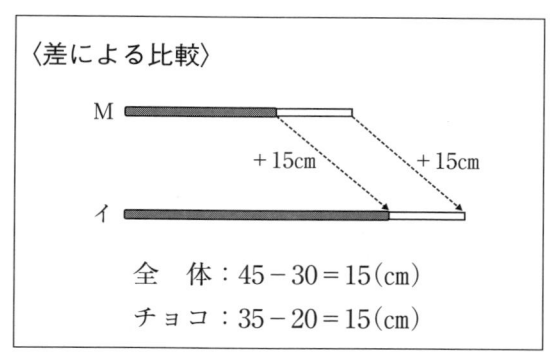

〈差による比較〉

M
＋15cm　＋15cm
イ

全　体：45－30＝15（cm）
チョコ：35－20＝15（cm）

実際の授業では，数値を与えた後は，「倍による比較」が正答であると判断した子どもと，「差による比較」が正答であると判断した子どもはほぼ半数ずつとなった。

この事実から分かることは，割合の学習を学ぶ以前の多くの子どもは，「倍」で比較することには慣れていないことから，「倍による比較」は認められず，「差による比較」に固執する傾向があるということである。

つまり，割合の導入授業では，このような子どもの傾向を踏まえ，あえて誤概念である「差による比較」を子どもから引き出し，クローズアップさせ，「差」と「倍」2つの比較の仕方を対峙させることが，子どもから「どちらの比較の仕方が妥当なのか？」という主体的な問いを引き出すことへと繋がるのである。そしてその問いが，「2つの比較の仕方の妥当性の吟味」という子どもの主体的な問題解決学習を引き出し，結果として，割合の概念の確実な理解がなされるのである。

概念の確実な理解のために，あえて概念と誤概念との対峙を通して，子どもの主体的な問いを生み出し，問題解決に向かわせていくというのが，私の考える「導入7分」である。

(2) 妥当性の吟味を通して，概念を獲得する

導入7分終了後は，2つの比較の仕方の妥当性を吟味する活動が展開される。

本時の場合は，その妥当性を主張する1つの方法として，「他の場面に置きかえる」という方法をとることが想定される。

〈差による比較の不適当性の吟味〉

全体を60cm伸ばして90cmにして，チョコを60cm伸ばすと…

C：チョコが多すぎる。
C：じゃあ，全体を20cm短くするとしたら，チョコも20cm短くすることになるから…。

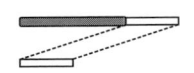

C：チョコがなくなった。これでは同じようにチョコを塗っているとは言えない。
C：全体の長さとチョコの長さのバランスが同じにならなくてはいけない。

〈倍による比較の適当性の吟味〉

C：全体が2cmとして，チョコはその半分の1cm塗られているとしたら，全体を4cmに伸ばすと，チョコは全体の長さの半分の2cm塗られることになる。
C：つまり，差のように「全体が何cm伸びたら，チョコも何cm伸ばす」のではなく，「全体の長さを2倍伸ばしたら，チョコの長さも2倍伸ばす」ということ。

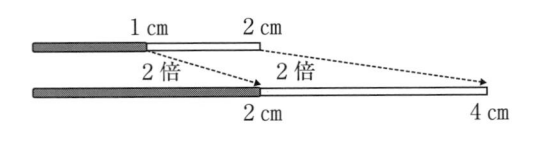

このように，本時では「他の場面に置き換える」という方法で，自らの考えの妥当性を明確にしてゆく，という問題解決の方法を子どもに身につけさせていくことが大切である。

「倍による比較」が妥当であると判断されたら，次は，倍の方法でさまざまなサイズのチョコ棒を作らせ，その全体の長さとチョコの長さの共通性を探らせることで，割合を見いださせるのである。

いろいろなサイズのチョコ棒を作ると…

サイズ	SS	S	M	L	LL
チョコ	4	10	20	30	40
全体	6	15	30	45	60

T：どのサイズも同じようにチョコが塗られているとはどういうことですか。
（チョコと全体の数の対応に着目させるため○で囲む）
C：全体の長さがチョコの長さの1.5倍になっているということ。

全体÷チョコ＝1.5

C：反対に言えば，チョコの長さが全体の長さの$\frac{2}{3}$倍になっているということ。

チョコ÷全体＝$\frac{2}{3}$

T：今まで述べてくれたような，一方を1と見たときに，もう一方がいくつに当たるか，つまり何倍にあたるかの数値を割合といいます。

本時では，異なる割合を比較する場面ではなく，同じ割合を作らせる場面で導入した。そして，「サイズが変わっても変わらないものは何か」という共通性を探る活動を通して，割合の概念を自然と獲得させていかせようとした。なぜなら，「共通なもの」「同じもの」を扱うことで，人間にとって素朴で自然な行為と考えられる「共通性を見つけるという行為」に着火させることができ，その共通性を追究していく結果，割合の概念を自然に獲得していくことに繋がると想定したからである。

このような，「共通性を探ることで概念を獲得することができる」という経験も，本実践を通して子どもに身につけさせたい問題解

決能力の重要な1つである。

◆教科書をみてみよう

教科書も工夫されていて，ゴムひもの伸び方を比べさせるなかで，「差による比較」と「倍による比較」どちらで，どちらで比べるべきかを考えさせる場面を導入場面でしっかりと扱っている。

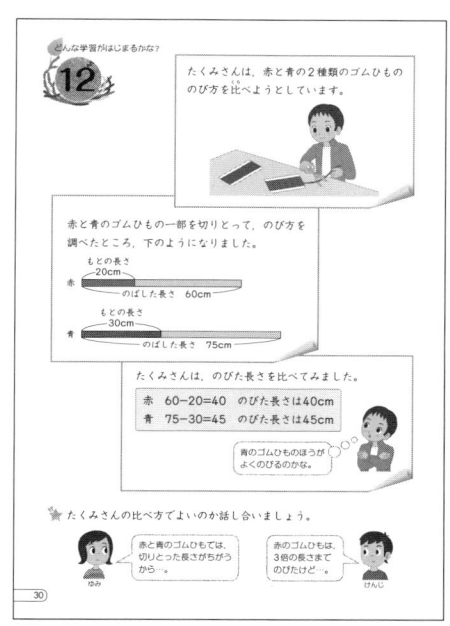

□ 同教科書　5下 P.30

差で比べると，赤は40cm伸びており，青は45cm伸びていることから，青の方が伸びていると判断できる。一方で，倍で比べると，赤は3倍伸びており，青は2.5倍伸びているから青の方がよく伸びていると判断できる。

子どもたちは，ゴムがよく伸びていると，この2つの比べ方のどちらが妥当であるかということの疑問を持ち，その妥当性を議論していくのである。

◆教科書を少しアレンジしてみる

教科書の工夫を踏まえて，自分なりにアレンジしてみる。

> 下のゴムひもと同じような伸び方をしているのはアとイどちらでしょうか。
> 　もとの長さ　20cm
> 　伸ばした長さ　60cm
> ア　もとの長さ　30cm
> 　伸ばした長さ　60cm
> イ　伸ばした長さ　90cm

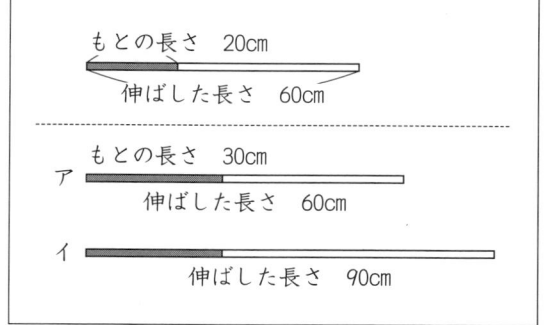

このように，「同じような伸び方を比べる」といったように少し問題場面を変化させ，そして「同じように40cm伸びたア」と，「同じように3倍に伸びたイ」の2つを提示し，「差」と「倍」どちらの伸び方を同じと見るかを議論させる状況を仕組むことで，先の実践例で示したような問いが子どもから引き出され，そして主体的に問題解決に向かう授業展開に変えることができるだろう。

◆割合の指導のポイント

「割合」は，小学校6年間の学習で，最も理解が困難である単元と言われている。その理由は，実際の量ではなく，倍で比べるという行為が子どもにとって受け入れ難いということ，もとにする量と比べる量がどちらであるかの判断が困難であるということ，もとにする量を1とみること自体が困難であるということなどが挙げられる。それゆえ，学校での指導が形式の教え込みになってしまうのである。

しかし，先に述べたような導入，そして授業展開とすることで，子ども自身で，割合の概念を獲得していくということも可能となる。

本提案を1つの例とし，学級の実態に応じて，子どもが主体的に割合を学習していく授業づくりをしていただければ思う。

導入のアイディア

4 「帰納」から「演繹」へと試みようとする時，子どもの「問い」が生まれる

第6学年 「分数のかけ算」

◆導入のアイディア

本実践のねらいは，（分数）×（分数）の計算のしかたを理解させることにある。しかし，ここでいう「（分数）×（分数）の計算のしかたを理解する」とは，もちろん「$\frac{a}{b} \times \frac{c}{d} = \frac{a \times c}{b \times d}$」という計算の仕方を単に知ることではない。大切なことは，計算の仕方を創り上げていくプロセスを経験することにある。そこに算数科において「既習事項を活用して，筋道立てて考える」という重要な価値が存在するからである。

このことを具現化するために，導入で次の2つの工夫をすることとした。

(1) 小数にできる分数で導入

そもそも小数と分数は，表現方法の違いでしかない。そこで，小数に変換できる分数で導入してみることにした。そうすることで，小数と分数の計算の意味を，同じものとして考える契機が生まれると考えたからである。具体的には，「分数を小数にすることができれば，分数においても，小数で使っていた計算のきまりなどを使うことができる」という既習内容を容易に想起できる状況が生まれるということである。

例えば，小数を10倍，100倍などにすることによって「整数に変換」して積を求めるという方法である。

(2) 形式を明らかにすることの重視

問題解決型の授業では，子どもが考えたいくつかの拡散された解決方法を，練り上げの中で数学的な観点をもとに，収束させていくという方法がよくとられる。

しかし「分数×分数」の学習において，子どもが計算のプロセスを記述として残し，解決の過程から共通の形式を見いだすことが，容易にできるのかという疑問がある。例えば，次のようなことである。

$$
\begin{array}{l|l}
\frac{4}{5} \times \frac{2}{3} = \frac{4}{5} \times 2 \div 3 & \frac{a}{b} \times \frac{c}{d} = \frac{a}{b} \times c \div d \\
= \frac{4 \times 2 \div 3}{5} & = \frac{a \times c \div d}{b} \\
= \frac{8 \div 3 \times 3}{5 \times 3} & = \frac{a \times c \div d \times d}{b \times d} \\
= \frac{8}{15} & = \frac{a \times c}{b \times d}
\end{array}
$$

上記のような解決方法をしたとして，はたして$\frac{a}{b} \times \frac{c}{d} = \frac{a \times c}{b \times d}$という形式を知らずに，他の解法と共通性を見つけて，式の変形をすることができるであろうか。もし，できるとするならば，他の子どもの解決方法の中に$\frac{a}{b} \times \frac{c}{d} = \frac{a \times c}{b \times d}$の形式があり，「どの解決方法も$\frac{a}{b} \times \frac{c}{d} = \frac{a \times c}{b \times d}$の形になるかな？」というような発問がなされ，その形式に至ろうという目標があった場合であろう。

だが，言い換えるならば，子どもが$\frac{a}{b} \times \frac{c}{d} = \frac{a \times c}{b \times d}$という形式となるのかを明らかにしようという目標を持つことができれば，個々

導入のアイディア④ 「帰納」から「演繹」へと試みようとする時、子どもの「問い」が生まれる

が自力で解決をした計算のしかたから、形式へとアプローチすることになる。そして、計算のきまりを用いて、式の変形を行うことで（分数）×（分数）の計算のしかたの一般化がなされると考える。

そこで、本実践は、$\frac{a}{b} \times \frac{c}{d} = \frac{a \times c}{b \times d}$ という形式となるきまりを帰納的に発見させ、そこから「いつでもそうなるのか」という問いを子どもから引き出すことで、その根拠を演繹的に明らかにしていくという授業展開とすることとした。

◆**授業構想**

(1) 帰納的にきまりを見いだし、演繹的に説明できないかという「問い」を引き出す

まずは、（分数）×（分数）が未習であることを確認し、本実践では文脈は示さずに、式のみの問題提示をする。ここで、分数に着目させることで、小数に変換できることに気づかせ、小数に変換させて積を求めさせていく。その際に、「整数に変換して積を求める」という既習のアイディアが、分数の乗法で活用できることとなるため丁寧に確認しておきたい。

$\frac{3}{4} \times \frac{3}{5}$ の計算をしましょう。

C：小数に直せば計算できる。
T：小数のかけ算の仕方はどうでしたっけ？
C：小数を10倍、100倍して整数に直して計算し、倍した分だけ積を割った。

$$\begin{aligned}\frac{3}{4} \times \frac{3}{5} &= 0.75 \times 0.6 \\ &= 0.75 \times 100 \times 0.6 \times 10 \div (100 \times 10) \\ &= 75 \times 6 \div (100 \times 10) \\ &= 450 \div 1000 \\ &= 0.45 \quad \left(\frac{9}{20}\right)\end{aligned}$$

ここで、式と積を照らし合わせ、着目させることで、$\frac{3}{4} \times \frac{3}{5} = \frac{3 \times 3}{4 \times 5}$ となっていることに気づかせていく。さらに、「他の分数の場合でもそうなるのか？」という問いを引き出し、確かめをさせていく。

T：ところで、$\frac{3}{4} \times \frac{3}{5} = \frac{9}{20}$ という式と答えを見て何か気づきませんか。
C：あっ、式の分母どうし、分子どうしをかけたのが計算の答えになっています。
$$\frac{3}{4} \times \frac{3}{5} = \frac{3 \times 3}{4 \times 5}$$
C：たまたまじゃないの？
C：でも、もしいつでもそうなら（分数）×（分数）の計算はとっても簡単だね。
C：他の数で確かめてみよう。
$$\frac{2}{5} \times \frac{1}{4} = 0.4 \times 0.25 = 0.1 = \frac{1}{10}$$
$$\frac{2}{5} \times \frac{1}{4} = \frac{2 \times 1}{5 \times 4} = \frac{2}{20} = \frac{1}{10}$$

子どもは、帰納的に分数の乗法の計算形式が見えてはきている。ここで、本実践の目的である「演繹的に明らかにできないか」という問いを引き出すために、教師の問い返しをしていく。

C：やっぱり、分母同士、分子同士をかけて答えになるよ。
T：じゃあ、分数同士のかけ算は、いつでも分母同士、分子同士かければ積が出ると言っていいんだね。
C：でも、いつでもそうとは言えない。全ての分数で試したわけじゃないんだから。
C：じゃあ、ちゃんと理由を考えよう。

子どもたちは、他の分数で試してみることで「分母同士、分子同士をかければ答えが出る」というきまりが正しいという自信を得た。この「他の数の場合を考えて、正しいかどうかを判断する」という考え方は、問題解決をする上で極めて重要な「帰納的な考え」である。

しかし，帰納的に計算形式は見いだせたものの，「すべての分数で試したわけではない」という完全帰納ではないということから，子どもたちは，「演繹的に説明できないか」という問いを持ち，計算形式の根拠を明らかにする活動へと展開していくこととなるのである。

「帰納的に見いだしたきまりから，本当に正しいのかという問いを引き出し，演繹的に明らかにしようという活動を引き出す。」これが私の考える「導入7分」である。

(2) 既習の場面と「関係づける」ことで演繹的な考え方を育む

本実践では，小数にできる分数で導入したことで，「整数に直して計算する」という方法はすでに板書に示されている。そこで，まずは小数にできない分数の場合で考えていくように仕向けていく。そこから，先に用いた「整数に直して計算する」というアイディアを活用できないか，ということに気づかせていくようにしたい。

T：小数にできない分数だったら，分数のまま計算しなくてはならないよね。その場合はどうやって計算しますか。
C：さっきの小数のときみたいに，何倍かして整数に変換して計算すればいいんじゃないかな。
T：なるほど，小数のかけ算の方法を分数でも使えないかと考えたわけですね。
T：それでは，$\frac{4}{7} \times \frac{2}{3}$ の式で整数に直せないか考えてみましょう。

ここからは，既習である（分数）×（整数），商分数 $a \div b = \frac{a}{b}$ を活用していくことで，積を求めるとともに，$\frac{a}{b} \times \frac{c}{d} = \frac{a \times c}{b \times d}$ の計算形式となることを演繹的に明らかにしていくこととなる。

C：かけられる数の $\frac{4}{7}$ には7，かける数の $\frac{2}{3}$ には3をかければ整数になる。

$$\frac{4}{7} \times 7 \times \frac{2}{3} \times 3 = 4 \times 2$$

C：7倍と3倍した分，割らなくてはならないから…。
C：あっ。分母同士，分子同士かける形になるよ。だって，整数に直した 4×2 を a として，整数にした分だけ割る 7×3 を b とみれば，$a \div b = \frac{a}{b}$ だから…。

$$\frac{4}{7} \times \frac{2}{3} = \frac{4}{7} \times 7 \times \frac{2}{3} \times 3 \div (7 \times 3)$$
$$= (4 \times 2) \div (7 \times 3)$$
$$= \frac{4 \times 2}{7 \times 3}$$

C：分母同士，分子同士かける形になった。
C：これなら，いつでも分数同士のかけ算は，分母同士，分子同士かければいいということができるね。

分数と小数とを関係づけることで，解決の見通しを持つことができ，演繹的に分数のかけ算公式を見いだすことができるのである。

「似たような問題はなかったか。そして，その解決方法が使えるのではないか」という，既習の学習と「関係づける」こととは，重要な問題を解決するための手段の1つである。このように考えることができれば，未知の問題に対しても，既知のことを類推して解決することが可能となるのである。

子どもが直面した問題に向き合えるかは，解決の見通しが立つかどうかが，1つの鍵となる。解決の見通しを持つためには，当然，問題を解決する手段をもっておかなければならない。

教師は，ただ単に「問題を解決させる」のではなく，「問題を解決する手段を手に入れさせる」ということを念頭において，算数の授業を組み立てることが，子どもの問題解決力を高める上で重要である。

◆教科書をみてみよう

　教科書も工夫されていて，小数にできない，そして約分できない分数で導入し，これまでの既習を活用させることで，式の変形をスムーズにさせている。そして，2つの計算の仕方と図による計算の意味の共通点を探らせることで，形式へと至らせようとしている。

📖同教科書　6上 P.30

◆教科書を少しアレンジしてみる

　教科書の工夫を踏まえて，少しアレンジを加えてみよう。私が実践で述べたように，小数にできる分数に，数値を変えて導入してみるとどうだろうか。

　そうすることで，先に述べたような，小数の乗法の計算をする際に用いた，「整数に直す」というアイディアを用いることもできるようになる。また，分数のままでは解決しようと思っても手がつかなかった子どもでも，一様に解決に至れるようになるという利点もあるのである。

　子どもの実態や，ねらいによって教科書の数値を変える。授業の幅を広げるための，大切なアレンジの1つである。

◆分数のかけ算の指導のポイント

　本実践を提案することとした経緯は，中学数学で理解が困難であるという論証に対して，小学算数でできることは何かと考えた時，「式で語れる子ども」を育てることであると感じたことにある。そしてさらに，数学で大切にしたい「帰納から演繹へ」という要素を取り入れることができたからである。

　だから，既習である「小数のかけ算」や「計算のきまり」を活用させることで「式の変形」に焦点化をかけ，「分数のかけ算公式」を創造させようとしたのである。

　学級の実態によっては，図に焦点化をかけ，図から分数のかけ算形式を見いだしていく場合もあるだろう。また教科書のように，既習を活用したさまざまな考え方から共通点を見いだし，形式に至らせる場合もあるだろう。

　学級の実態に応じて，子どもが既習を活用して，主体的に分数のかけ算を学習していく授業づくりをしていただければ思う。

4 「大澤隆之」の導入のつくり方

【 私の導入術 】
考えることを楽しませる授業を創る
—対立・体験・多様な考えを生かす—

1．わくわくする時はどんな時？

子どもたちが授業の中でわくわくする時は、どんな時だろうか。

たとえば、外へ行ける時。「今日は、外で授業をしよう。」などと言うと、みんなのテンションが上がる。「外」という意外な場所なのと、その解放感と、変化に対する期待とで、子どもたちは「わーい」と喜びの声を発する。

ほかには、ゲーム。「ゲームをしますよ。」と言うと、子どもたちは大はしゃぎをする。それは、勝負があるからである。半分は負けるわけだが、誰もが自分は勝つと信じているから楽しい。

そのほかには、自分が発言して、みんなが納得したり、自分の考えになびいたりしたとき。これは気持ちのいいものである。

授業の中の相談や話し合いも、楽しいものがある。みんなで意見を交換し合ったり、アイディアを出し合ったりするのはわくわくする体験である。

新しい単元に入る時も、子どもたちはわくわくする。新しいことが始まる、今までのものと違った、何か新しい刺激が待っている。そんな期待感があるのだろう。

2．算数の学習でわくわくさせる

授業では、いろいろな工夫をして、子どもたちにわくわく感を持たせようとする。環境を変えたり、道具を使ったりすることは、算数の内容と直接かかわりがなくても、楽しくわくわくするものである。

では、算数の学習そのものでわくわくさせるには、どんな手法があるのだろうか。

それは、「葛藤させる」ことである。「迷わせる」ことである。そこで、頭をひねって考える。間違えても、これが楽しい。この、考える楽しさを十分味わわせてやることが、「考えることを楽しむ」という、算数の本質の楽しみ方を獲得させることにつながる。

具体的に、葛藤のさせ方を挙げてみよう。

対立した意見が出る問題

本当に○○？　賛成、反対、両方の意見が出るような迷わせる問題を開発する。

2つのものを比べて迷わせたり、いろいろなアイディアから対立を引き出したりする。

| これは垂直？（4年） |
| これは $\frac{1}{4}$ ？（2年） |

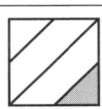

> 多様な考えを生かせる問題

考えをいろいろ出すことができる問題、自分の工夫やアイディアが生かせる問題を開発するのも1つの方法である。

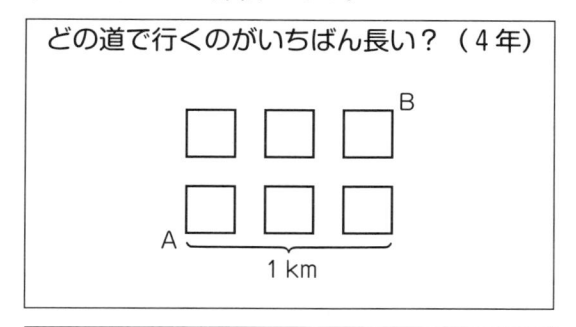

```
どの道で行くのがいちばん長い？（4年）
```
（図：6つの正方形が2段3列に並び、左下がA、右上がB、下辺全体が1km）

```
図に表すとどう違う？（3年）
```
㋐ クッキーが12こあります。1ふくろに4こずつ入れると、何ふくろできるでしょうか。
㋑ クッキーが12こあります。4人に同じ数ずつ分けると、1人分は何こになるでしょうか。

> 隠して当てる

中身が何かわからないものである。けれど、それをいくつかの特徴から明らかにしていく。

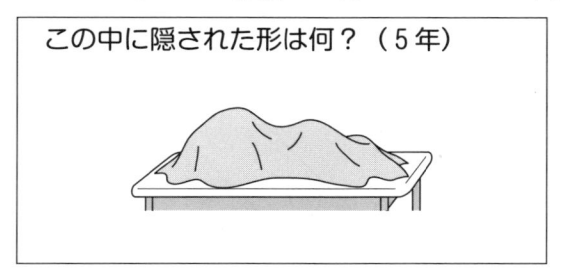

```
この中に隠された形は何？（5年）
```
（図：布で覆われた物が机の上にある）

> 実際にやってみる

頭では理解できても、実際に自分が動くとそう上手くは解決できない。労作・体験はわくわくした楽しさを生みだす。

> ゲームにする

勝ち負けがあると、人は真剣になり、進んで工夫するようになる。「早さ」「巧みさ」という要素が加わるからである。

3．授業は最初の7分で決まる

算数の授業では、最初に導入として、生活場面を見せたり、問題場面を作ったりしていく。その約7分で、子どもたちのやる気、なぜだろうという考え、すっきりさせたいという意欲を出させることに成功すれば、その授業はほぼうまくいく。しかし、ここで意欲が出てこないと、いつまでも問題意識のないまま解決の手法を学習することになる。

7分で子どもをわくわく状態に持っていけるように心がけたいものである。

4．目的にあった算数的活動を

授業は、ただ「楽しい」だけではいけない。楽しさの本質が、算数の目的に向いていなければならないからである。学習において考える楽しさを「愉しさ」と書くことがある。これは、ただ外的な動機づけから楽しいだけでなく、本質がわかる楽しさ、考える楽しさ、考えが生きる楽しさなどを強調した漢字の使い方である。

私たち教師は、その単元、その授業の本質をつかみ、目的に合った算数的活動を生みださなければならない。

それには、算数科の目的である、「数学的な考え方」、つまり問題の構造をじっくりと見据えたり、問題を解決する時の手法を考えたりする力を大切にし、数学的な考え方を育てる学習を心がけなければならない。

そして、考え方だけでなく、その単元でどんな知識、どんな構造を身につけさせたいかも重要になる。

その考えの上に立った「愉しさ」「わくわく感」の追究でなければならないはずである。

私たち自身も楽しく教材研究をしつつ、「愉しい」教材、わくわくする授業づくりをしていきたいものである。

導入のアイディア 1

「あれ？ この形は？」
迷わせてはらはらさせる

第2学年 「1を分けて」

1．分数の学習で身につけさせたいこと

2年生の分数単元では，身につけさせたいことが3つある。

1つ目は，「もとの大きさが違ったとき何分の一の大きさは違うこと」である。$\frac{1}{2}$とは，もとにする大きさを1と見た時に，それを同じ大きさに2つに分けた1つ分の大きさのことである。だから，もとにする大きさが違えば，$\frac{1}{2}$に当たる大きさも違ってくる。そこを身につけさせたい。下の図で，色をつけた部分は，もとの大きさの$\frac{1}{2}$である。

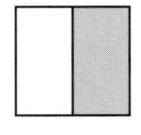

身につけさせたいことの2つ目は「何分の一の割合的見方」である。

下の2つは，正方形の$\frac{1}{2}$を塗ったものである。

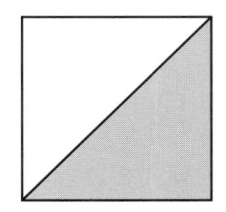

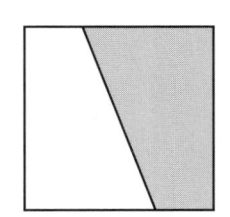

では，下の形はどうだろうか。

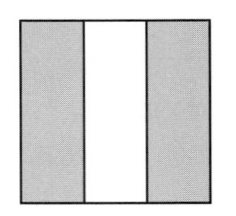

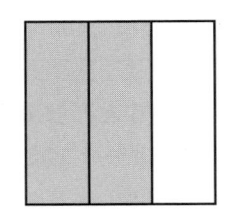

子どもたちによっては，「重なるから，半分。」と言うだろう。大人にとっては，はてな？ という論理なのだが，子どもは「重なれば半分」と思っている子も少なくない。

さて，下の色をつけた部分は$\frac{1}{4}$と言えるのだろうか。

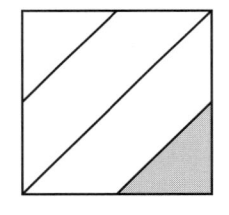

これは，$\frac{1}{4}$と言えない。しかし，子どもたちは，「半分の半分」と考えることがある。

割合的見方には，様々な要素が含まれていて，話し合い活動に適した箇所だと思われる。このような活動は，$\frac{1}{4}$を学習するときにしたいものである。

身につけさせたいことの3つ目は，「何分の一とは，形なのか大きさなのか」である。

下の形は $\frac{1}{4}$ と言えるのだろうか。

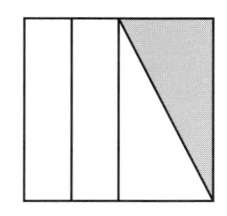

これは，下のような形を組み合わせたものである。

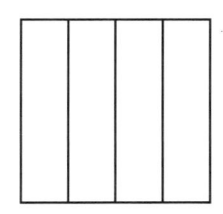

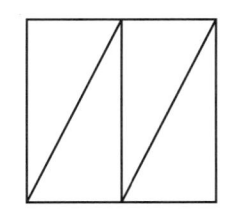

子どもたちに聞くと，$\frac{1}{4}$ と言えるという子と言えないという子がいる。

言える，という子は，「半分にして，また半分にしたのだから，同じ大きさ。」「切って貼れば，同じになるから。」などと説明する。

言えない，という子は，「形が違うから。」と答える。

迷った時は，約束（定義）に照らし合わせるようにする。

「1つのものを同じ大きさに4つに分けた1つ分をもとの大きさの四分の一という。」

ここには「大きさ」とはっきり書いてあるので，「$\frac{1}{4}$ と言える」ということになる。ここも，活発な議論が期待できるところである。

さて，1時間目に行いたいのは，身につけさせたいことの1つ目と2つ目である。

子どもたちは，意見が対立し，葛藤し，迷うことで，考えることの楽しさを味わう。

2．実際の授業では……「半分」を作る

折り紙を配ります。
半分の形を作りましょう。

子どもたちの中からは，次のような形がすぐに出てくる。

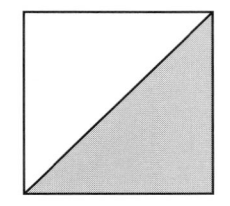

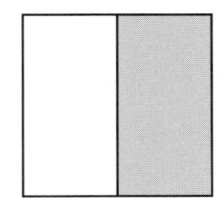

「みなさん，このような折り方をした人はいますか。」

たくさんの手が挙がる。これらをすぐに公表して，「ほかの形はありませんか。」と問う。先に取り上げるわけは，全員がこの形に専念すると，先に進むのに時間が足りないからだ。

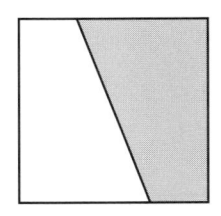

「先生，これも半分！」

子どもたちの中からは，このような形も出てくる。折った時に角が紙から飛び出すので，一見半分に見えないが，子どもたちに見せると納得する。

子どもたちの中には，まねをするがうまくいかない者もいる。
「本当に半分？」
「隣同士で，確かめてみましょう。」
　隣同士で確かめさせる中に，コミュニケーションが生まれ，言語活動が活発に行われるのである。
　ここで7分が経つ。

3．子どもたちの創った形を尊重する
　このまま授業を進めると，子どもたちのいろいろな反応が見られる。それは，クラスによってまったく違う反応になるので，よく子どもたちを観察して，対応していくことが大切である。
　子どもたちは，時間を与えると，いろいろな形を創り出す。その1つ1つをできるだけ丁寧に，また興味深く皆の前で検討することが，はらはらどきどきさせる手法である。
　例えば，下のように，$\frac{1}{3}$ずつ分けて，「半分」を主張する子がいる。そこで，すぐに「それは違いますね。」などと言ってはいけない。
　私も，4クラスでこの授業をしてみて，下のようなを半分と認める子が少数のクラスと，大部分のクラスと，全員のクラスがあったことに驚いた。でも，それが現実である。

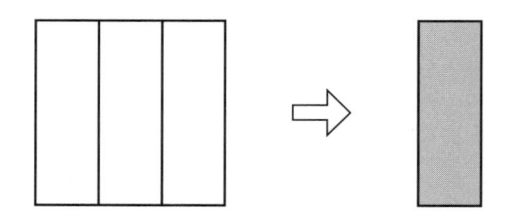

「なぜそのように考えたのですか。」
とわけを聞く。みんなも注目している。
「それは，右と左を折って，真ん中に重ねたら，重なりました。重なれば半分と言えます。」
　この発言に，2年生の子どもは，半分ぐらい納得する。つまり，「重なる」ことが「半分である」ことの証となっている。
　ここで，反対者がいれば，その意見を取り上げる。その主張と，半分という主張で論争をさせる。
　大部分の子どもが「半分」と認めるクラスの子どもたちが，徐々に「半分ではない」ことに気づいていくところは圧巻である。最後に，少数でも「半分ではない」ことを主張した子どもに拍手が送られた。
　半分と認める子がいないクラスでは，「では，皆さんにケーキを半分ずつ配る時，この大きさでいいですね。」と言ってみる。すると，「あっ，いやいや。」という反応がある。子どもは，自分の経験と照らし合わせると，よくわかる傾向があるので，ここから議論を始めればよい。

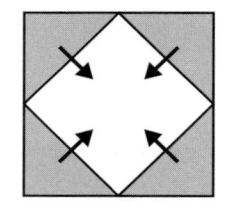

　このように折る子がいる。ちょうど重なるので，「半分になっている。」と主張する。みんな納得している。完全に重なっている，というのは，子どもたちにとって，半分である証であると言える。
　私たちが気をつけなければならないのは，三角形が4つ分で折り紙の半分になっているところである。
　この形は，三角形が8個でちょうどもとの折り紙になる。

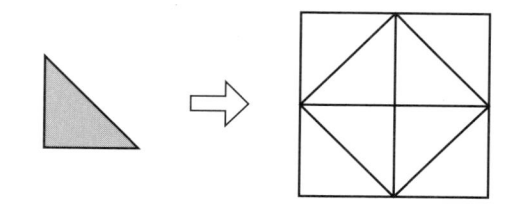

導入のアイディア① 「あれ？ この形は？」迷わせてはらはらさせる

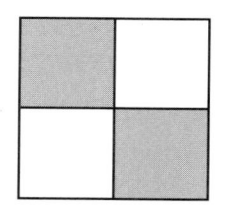

4．はらはらさせる工夫

　はらはらさせる工夫は，このように，「子どもたちが創った形を尊重すること」である。自分たちで創った形をみんなで討議することで，わくわくさせる。

　さて，わくわくさせる授業，後半の工夫も紹介しよう。

　列ごとに，少しだけ大きさの違った折り紙を配る。そして，「半分を切って，隣の人にあげましょう。」と言う。子どもたちは，作業の中で，「あれ？」「おかしいな。」などとつぶやきだす。

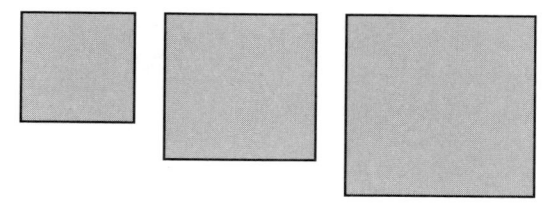

　そして，驚きとともに，「もとが違うと同じ半分でも大きさが違う」ことを実感し，知っていく。

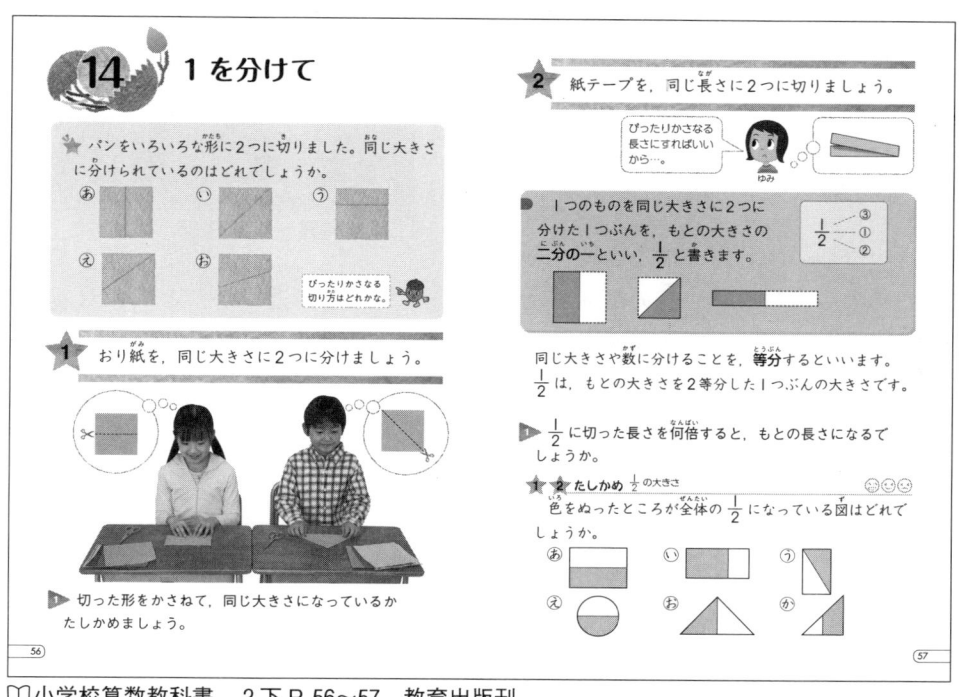

　だから，厳密に言うと，$\frac{4}{8}$ というべきだろう。これは3年生の学習である。ここでは「$\frac{1}{2}$ と同じ大きさ」と言えばよいだろう。

　でも，中央の折っていない部分は，分割していないので，堂々と $\frac{1}{2}$ と言える。このあたりが難しいところである。

　下の形も，同様な配慮が必要である。でも，子どもたちから出てきやすい形である。

小学校算数教科書　2下 P.56～57　教育出版刊

67

導入のアイディア

2 「いちばん短い道は？」予想し議論してわくわくさせる

第4学年 「分数の大きさとたし算，ひき算」

1．分数の学習で身につけさせたいこと

3年生では，単位分数のいくつ分という考え方や，$\frac{5}{5}=1$，量分数としてmやLを単位とする分数と，1を超えない真分数同士のたし算，ひき算の学習までしている。

4年生では，1を超えた仮分数や帯分数，そしてその計算を学習する。

2年生では，分数はあくまで1を分けたもので，1より小さいもの，等分したものと言う意味合いで分数を理解し，3年生では量のはしたの処理から導入していくが，やはり1以下の分数について扱う。だから，1より大きい分数を仮分数の形で考えることは，今までの扱いと意味合いが違ってくる。

1より大きい分数を扱うということは，分数を数直線上の一般的な数として考えよう，ということなので，そこをまず理解させなければならない。

1より大きい分数の表し方を探る必要性を感じさせるために，教科書の単元の最初では，「1 kmと，あと何kmかな。」という発問をして，$\frac{2}{3}$ kmを導き出そうとしている。同時に，$\frac{5}{3}$ kmが目で見えるようにしているのである。

しかし，この「1 kmと，あと $\frac{2}{3}$ km」と，「$\frac{5}{3}$ km」とは，考え方の上で大きく違っている。ここは，数直線上に，$\frac{1}{3}$ kmから $\frac{5}{3}$ kmまでを順に置いていき，分数も数のうちであることを丁寧に教えていきたい。

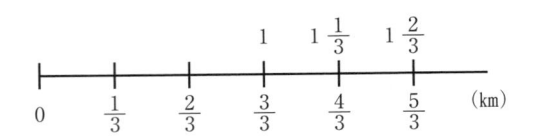

数直線：0, $\frac{1}{3}$, $\frac{2}{3}$, $\frac{3}{3}$(1), $\frac{4}{3}$($1\frac{1}{3}$), $\frac{5}{3}$($1\frac{2}{3}$) (km)

2．どの道で行くのがいちばん短い？

⑦の地点から⑨の地点まで行きます。どの道を通るといちばん近いでしょう。

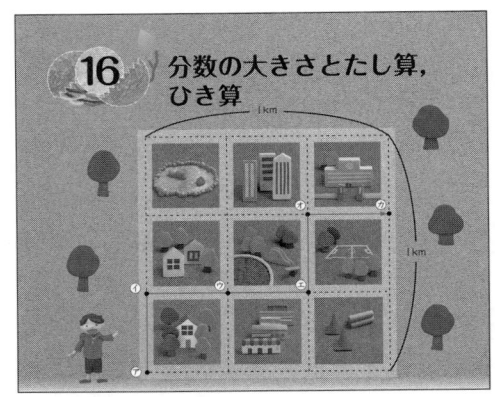

📖 同教科書　4下 P.85

「どの道が近いか」と問われると，迷う。ここでどきどきさせることができる。

いろいろな考えが出ると，「自分の考えは正しいのかな？」と緊張する。それが，はらはら感につながる。

「右，上，右，上，右と行くのがいちばん短いと思う。」

「右，右，右，上，上が短いよ。」

「同じじゃない？」

「右，右，上，上，右でも同じだ。」

「わかった。右に3回，上に2回行けばいいんだ。」
「全部で5回。」
「上，上，上，右，右，右，下でも行けるよ。」
「でも，それじゃ7回になっちゃうよ。」

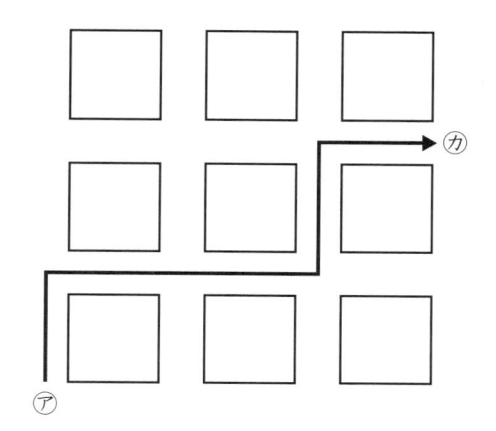

いろいろな考えが出てくるが，共通して「右」が3回，「上」が2回含まれていれば，それが最短であることがわかってくる。

3．めあてに迫る

「では，何kmと言えるのでしょう。」
「→3つで1kmだから，1つ分は$\frac{1}{3}$km。」
「5つ分だから，1kmと$\frac{2}{3}$km。」
「$\frac{1}{3}$kmが5つ分だから，何と言ったらいいと思いますか。」
「$\frac{5}{3}$km？」
「分子が分母より大きいのは変じゃないかな。」

そこで，数直線を描いてみる。

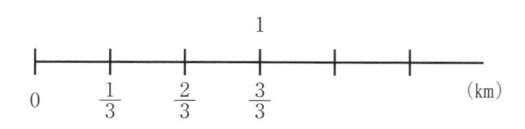

「分母は，1つのものを等しくいくつに分けたかを表しています。つまり，仲間の名前，家族の名前で，いわば名字です。その個数が分子です。そう考えると？」
「$\frac{5}{3}$kmでいいんだ。」
「$\frac{1}{3}$kmが5つ分を$\frac{5}{3}$km（三分の五km）と言います。
また，1kmと$\frac{2}{3}$kmなので，$1\frac{2}{3}$km（一と三分の二km）とも言います。」

ここで7分が経過する。

4．別の角度から考えさせる

$\frac{5}{3}$km $1\frac{2}{3}$km（一と三分の二km）を板書し，説明してノートにまとめさせた後，次のような問いかけをする。

> いちばん遠い道のりはどの道で何kmでしょう。戻ってもいいですが，同じ道は通らないことにします。

条件は，「いちばん遠い」「同じ道を通らない」「同じ地点に戻ってもよい」ということである。

最短距離は簡単だが，こちらはいろいろあって難しい。

考えさせた後，まず，何kmになったかを発表させる。子どもたちは，$\frac{9}{3}$km $\frac{11}{3}$km $\frac{13}{3}$kmなどと発言する。もしかすると，$\frac{15}{3}$kmという子がいるかもしれない。まず結果の予想だけ板書して，そのルートを考えさせるとよい。

$\frac{9}{3}$km

$\frac{15}{3}$km

$\frac{11}{3}$km

$\frac{17}{3}$km

$\frac{13}{3}$km

まず，$\frac{9}{3}$km　$\frac{11}{3}$km　$\frac{13}{3}$kmなどの長さだけを発表させる。

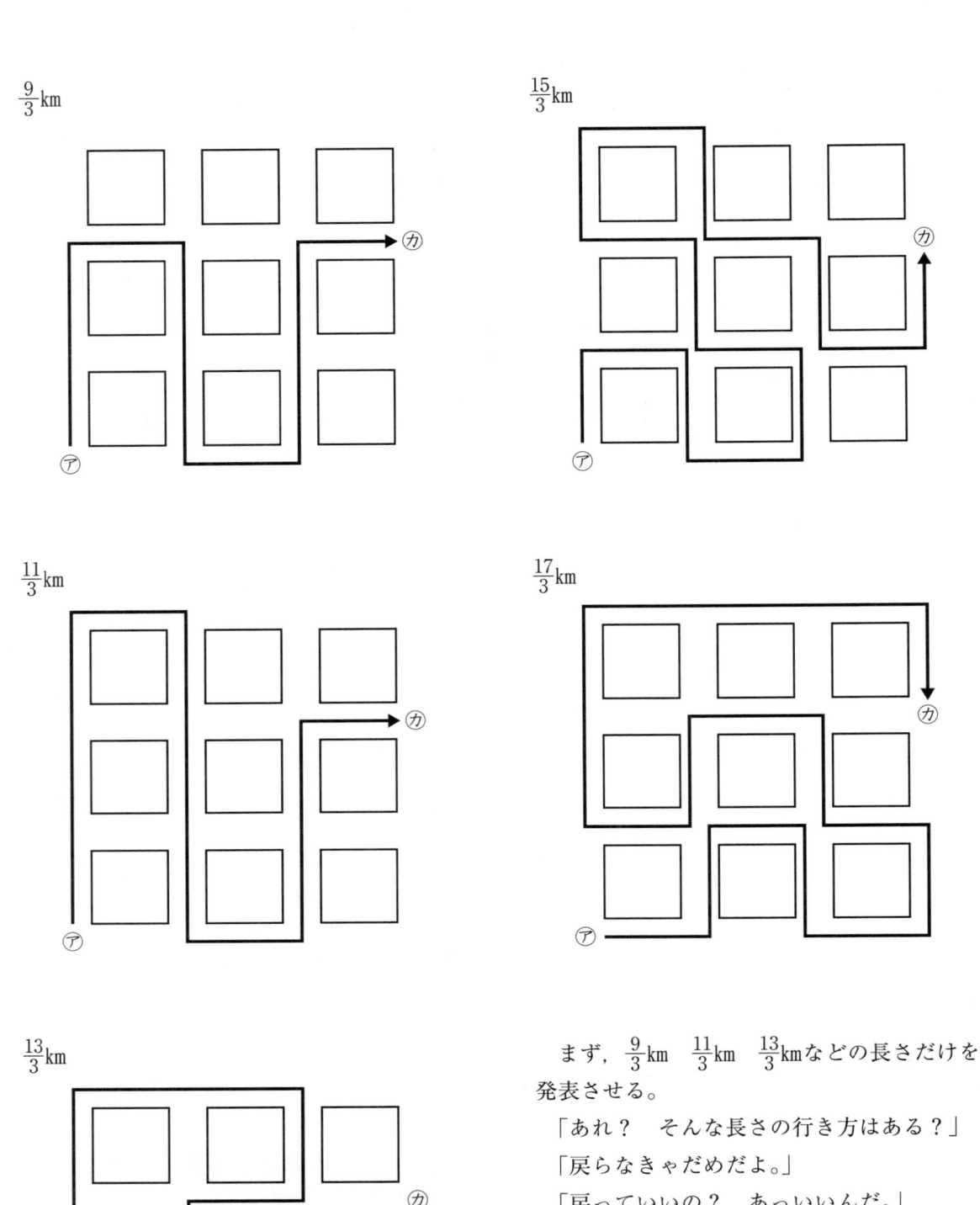

「あれ？　そんな長さの行き方はある？」

「戻らなきゃだめだよ。」

「戻っていいの？　あっいいんだ。」

そこで，ルールを確認する。

「戻ってもいいけれど，同じ道は通りません。」

長い道のりを作ることができた子にも，発表されたもの全部を考えさせてみる。すると，なかなかできない。

導入のアイディア②

子どもたちには，作業用紙を配っておく。いろいろ試して，記録できるようにである。6通りはあるとよい。

結果が見えてくると，子どもたちはきまりに気がつく。

$\frac{5}{3}$km　$\frac{9}{3}$km　$\frac{11}{3}$km　$\frac{13}{3}$km　$\frac{15}{3}$km　$\frac{17}{3}$km

「順番にならんでいるぞ。」
「あれ？　$\frac{7}{3}$kmがない。」
「おかしい。」
「できるよ。」
「できるかなあ。」
子どもたちは，自然に動き出す。（下図）

$\frac{7}{3}$km

「でも，なぜ3，5，7，11，と2つおきなんだろう。」

この質問に答えるのは少し難しい。これは，⑦と㋕の位置により決まる。最短が5というのがヒントになる。

つまり，⑦から右に3，上に2行った所が㋕になるから，5ブロック動いた所ということ

とである。それより遠いものは，すべて無駄に遠くへ行くわけだから，「1遠くへ行けば1戻らなければならない」というきまりより，2ずつ増えたものになる。

5．はらはらさせる工夫

はらはらさせる工夫は，「多様な考えを出させる」ことである。自分がほかのみんなとまったく同じ考えであれば，はらはらもどきどきもしない。自分の考えが正しいかどうかわからない，友達の考えと違う，そこから，どきどき感が生まれる。

ここでは，間違っていても自分の考えが言える，自分なりの考えで誰かのアイディアに賛成できる，ということに価値があることを，子どもたちに知らせなければならない。そうしないと，子どもたちは，「正しく考えた人の勝ち。間違えた人は考えた価値が無い。」という印象を持ちかねない。ここは，授業のベースとなる学級経営の大切なところである。

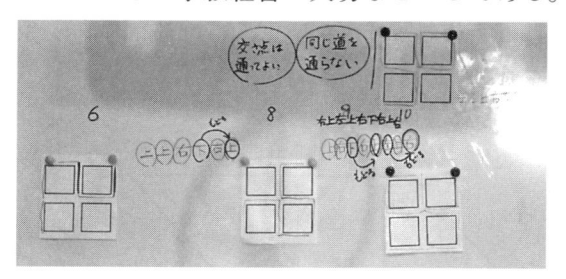

導入のアイディア

3 「アイディアを出し合って」わくわくさせる

第4学年 「立体」

1．位置の表し方で身につけさせること

位置（場所）の表し方は，何年生から学習を始めるのだろうか。それは，1年生からである。1年生の「なんばんめ」がこれに当たる。「なんばんめ」の学習は，図形領域である。学習指導要領には，「前後，左右，上下など方向や位置に関する言葉を正しく用いて，ものの位置を言い表すこと。」とある。「なんばんめ」は，一次元（一方向）の位置の表し方，ということになる。

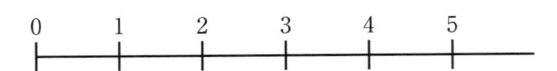

4年生では，それを二次元（二方向），三次元（三方向）と広げていく。

生活の中では，1年生から「何列目の前から何番目」といった使い方でなじんでいる。しかし，それを「ある点を起点にすること」「平面上ではどの位置でも2つの数の組み合わせで表せること」「2つの数の順番は，あらかじめ決めておけば，縦とか横とか言う必要のないこと」を学習する。

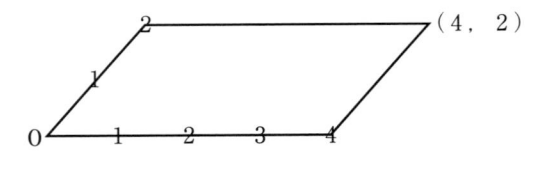

この見方は，社会科の「地図の見方」につながる。社会科で地図を扱いはじめるのは3年生なので，算数ではその経験を生かして，「東へ何m，北へ何m」といった表し方で理解させてもよいだろう。

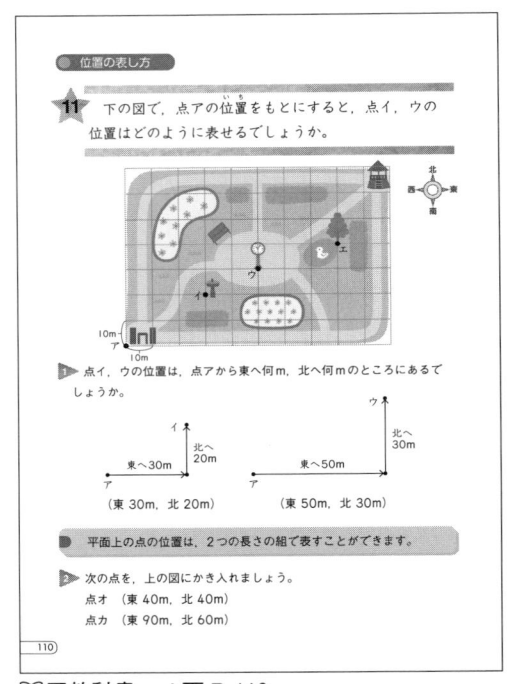

📖 同教科書　4下 P.110

2次元の座標はグラフにつながる。折れ線グラフの読み方や，伴って変わる量や比例の学習につながるところである。

小学校ではある点の座標を（a，b）で表さないが，中学からは座標を使った学習が始まるし，3次元の座標も，空間のある点を表すのに使われる。

そうした先の学習につながることを教師は念頭に置いて、「原点を意識すること」「直線では斜めの所も、縦と横（と高さ）で表せること」をしっかりと押さえてほしいと思う。

2．飾りを天井から吊るそう

> 作品展の飾りを、班ごとに天井から吊るします。どこに吊るすか、どの高さにするか、話し合って決めましょう。

夏休みの作品展をするのに、モビールのような飾りなど、吊るすとよいものがいくつかある。そこで、みんなで吊るして飾り、楽しむことにする。

「場所が重ならないように、どの場所にするか発表しましょう。」
「私たちは、教室の真ん中の真ん中にしたいです。まん真ん中の中間です。」
「授業でじゃまだよ。」
「じゃあ、少し高くしよう。」
「ぼくたちは、後ろの真ん中。」
「後ろって言っても、どこか分からないわ。」
「私たちは、後ろのはじ。」
「はじって、どのあたり？」

話し合いが盛り上がる。

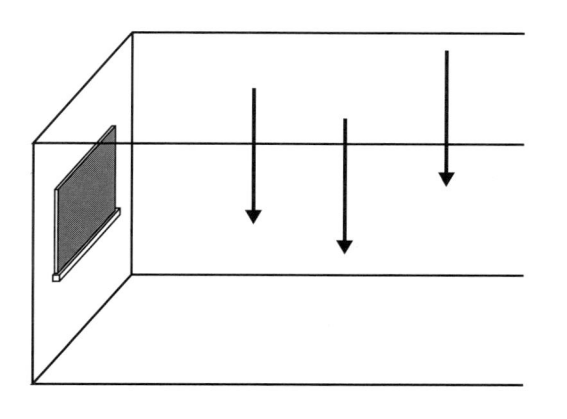

3．人に伝えるために

「自分たちの班の作品を、ほかのクラスの子にも分かるように話すには、どうやって場所を知らせたらいいでしょう。」
「前の入り口から近い、とか、後ろの入り口から近い、というのは？」
「なるほど、いいアイディアですね。前、とか後ろとか、ある点を決めて、そこから考えるのは、すばらしいです。」
「前からまっすぐ入って5歩。そこから左に曲がって3歩。」
「ドアからの歩数で、場所が分かりますね。数で表すといいですね。」

「人によって、1歩の長さが違うよ。」
「入り口から3mというのはどうだろう。」
「mで表せば、はっきりと決まりますね。」
「入り口からまっすぐ3m、左に2m。」

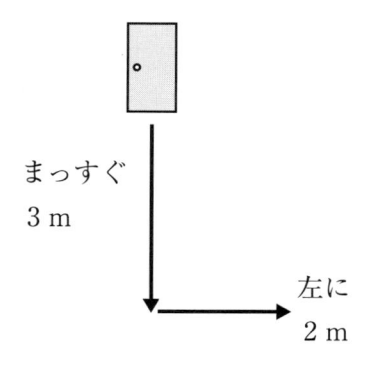

まっすぐ
3m

左に
2m

「では，自分たちの班の飾りの位置を表してみましょう。」

このあたりで7分になる。

4．子どもたちと表し方を創る

子どもたちは，自分たちのアイディアがすぐに生きるし，すぐに意見を言われるので，わくわくしながら，生き生きと話し合いに参加している。このように，みんなでやり方を創っていく，というやり方もある。

教師の思っている方向へ行かなくてもよいだろう。子どもたちなりの結論を導いた後で，教科書を開いて「こんな表し方もある。」とまとめればよい。

子どもたちは，「前のドアから」「後ろのドアから」と，出発点を決める。テラスのある学校では，「テラスから」というのもあるだろう。

そして，話し合いの中で，縦の要素と横の要素で場所が表せることが，共通していることに気がつけばよいと考える。

その後，始点を決めて全部の箇所を表す，という方向へ導いていく。

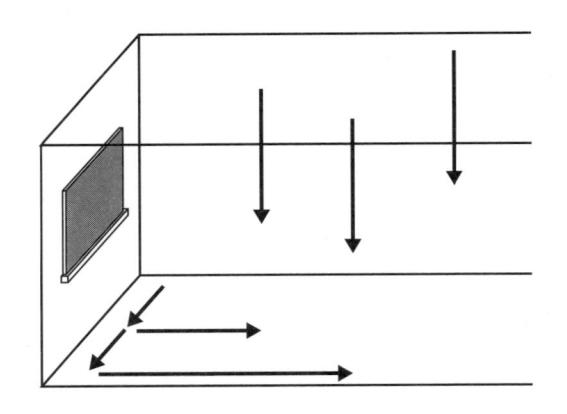

5．吊るす高さは？

すると，次に，吊るす高さをどのように表すかが話題になる。

「床から2mだったらぶつからないよ。」
「床から3mが天井だね。」
「天井から何mのひもで吊るすか，というのでも表せるね。」

そこで，上からの長さがいいか，下からの高さがいいかを話し合いをする。

「上からの方が，用意するひもの長さが分かるからいい。」
「頭がぶつかるかどうかが大切だから，下からの高さで表すのがいい。」

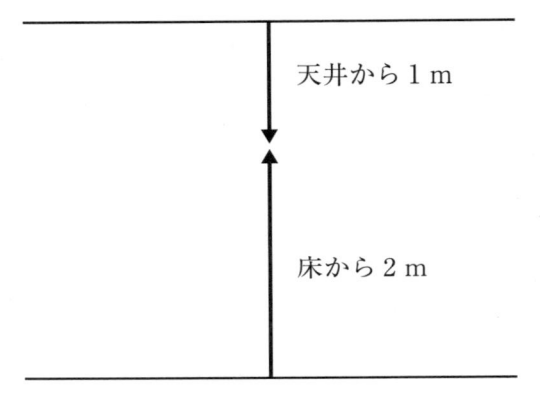

天井から1m

床から2m

子どもたちは，実用に向けて，いろいろ工夫していく。この言語活動が貴重である。

子どもたちの結論は，どちらに帰着してもかまわない。縦の長さの要素，横の長さの要素，高さの要素，の3つの要素で位置が表せることが共通する項目であることがわかればよい。

その後，教科書で，どのように表すかを確かめる。教科書では，3方向の数で示される地点を，直方体の1つの頂点として表している。この感覚は，子どもにとって分かりにくいかもしれないので，注意が必要となる。

縦，横，高さの順で表せば，いちいち「縦」「横」「高さ」と書かなくてもすむ便利さも伝えたいと思う。

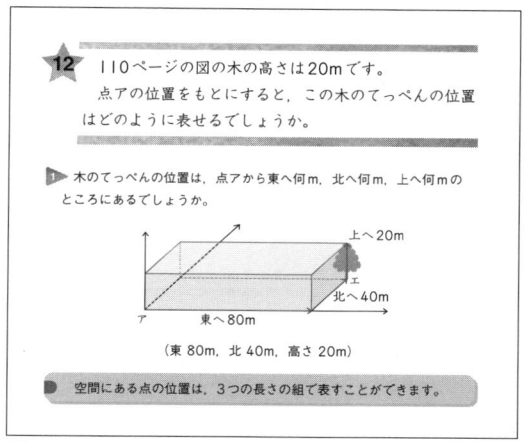

導入のアイディア③ 「アイディアを出し合って」わくわくさせる

> 12　110ページの図の木の高さは20mです。
> 点アの位置をもとにすると、この木のてっぺんの位置はどのように表せるでしょうか。
>
> ▶ 木のてっぺんの位置は、点アから東へ何m、北へ何m、上へ何mのところにあるでしょうか。
>
> （東80m、北40m、高さ20m）
>
> ● 空間にある点の位置は、3つの長さの組で表すことができます。

📖 同教科書　4下 P.111

6. わくわくさせる工夫

わくわくさせる工夫は、「自分たちの工夫で算数を創っている」という実感である。作品展で飾る場所を、本当に自分たちで決めるのだから、興味がわいてくる。アイディアを出す子は、自分たちのアイディアが生かされて、だれかの意見で生まれ変わって、ということを繰り返していく。

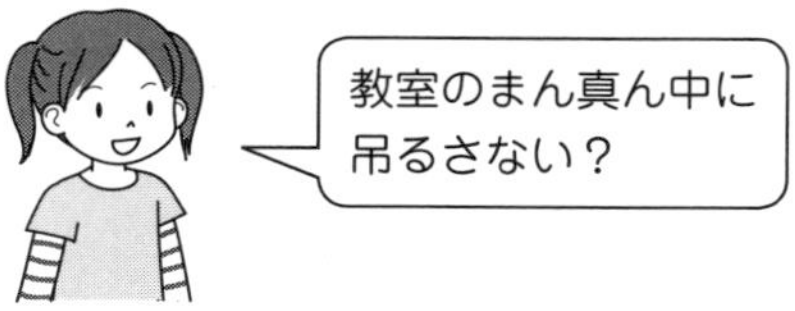

> 教室のまん真ん中に吊るさない？

> 風で揺れた方がいいから、窓際にしよう。

> 上から何mにしようか、下から何mにしようか。

自分のアイディアは、そのままではないが、いろいろと手を加えられ、生きてくる。だから、アイディアが生き生きしていて、楽しいのだ。

このような体験の機会は、1年を通して何回もあるわけではない。その時期に、この単元を扱えるか、というと、その保証もない。

だから、作品展ではなく、折鶴など折り紙作品を吊るすとか、国語など他の教科の単元で、飾るものなどがあればそれを飾るなど、機会を作るとよいだろう。

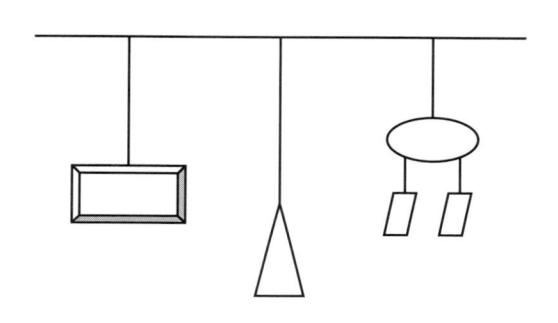

導入のアイディア

4 「中身は何？」
隠してじらしてわくわくさせる
第5学年 「角柱と円柱」

1．立体の学習で身につけさせたいこと

5年生の立体の学習では，まず「柱体」というものを認識させたいと考えている。「柱体」とは，柱のように，底面のある形（平面）を，縦方向へ平行移動したときに，その通った跡（軌跡）がたどる空間の形である。

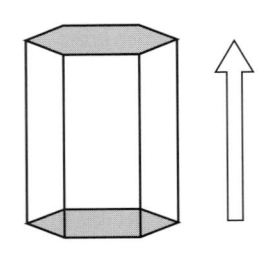

もう少し分かりやすく言うと，合同で平行な2面が両側にあり，それを底面として，底面の辺に沿ってもう一方の底面まで側面がある形となる。

底面が2つと，側面が底面の辺の数だけある。円柱の側面は，1と数える。

辺の数は，底面についている物と，底面の頂点についている数となる。だから，（底面の辺の数）×2＋（底面の辺の数）となり，底面の辺の数の3倍ということになる。頂点は底面についている物だけだから，（底面の頂点の数）×2となる。

小学校では，側面が底面に垂直のものだけを扱う。側面が平行四辺形のものは扱わない。また，底面がねじれていて，それぞれの頂点から2本ずつの辺が伸び，角柱なのに側面の形が三角形のようなものも扱わない。

形の概念をつかむ，つまりだいたいの形が分かるには，別の形が示されることが一番である。だから，「柱体」を学習するならば，それ以外の球や錐体を一緒に入れて，その中で柱体を選ぶ活動をするのがよい。

そこで，授業の中では，教科書には無い角錐や円錐を入れて示した方が，分かりやすくなる。

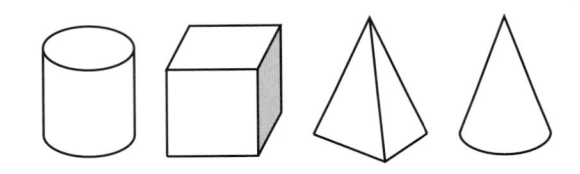

「柱体」の特徴が分かったところで，柱体の性質や各部の名前を学習する。

とがったところ（3つ以上の平面が1点で交わった所）が頂点となる。

辺の数や頂点の数，面の数のそれぞれの特徴も学習する。

そして，辺や面の平行・垂直も学習する。

角柱の頂点　　　　角錘の頂点

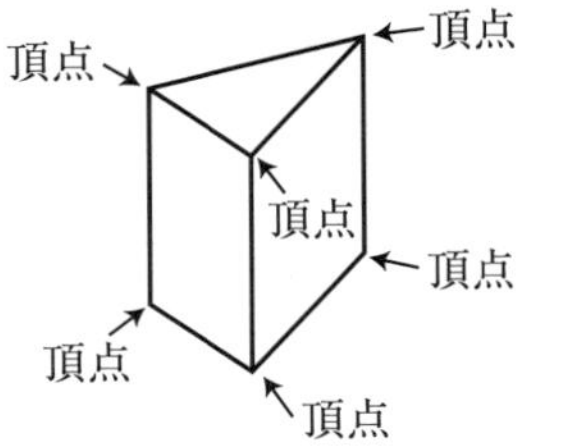

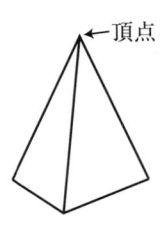

2．何が隠れているのかな？

さて，この中の形は？

隠れている形は何？

立体の上に布をかぶせて，子どもたちに問う。このように，見せないで問うことが，ここでの工夫である。

そして，子どもたちから質問を受け付ける。その質問の回数を制限することにより，ゲーム性を出そうとするものである。

「質問は3つまで受け付けます。先生は，はい，いいえで答えます。皆さんで，どんな形か当てましょう。」

子どもたちは目を輝かせて考える。
「それは丸いですか？」
「丸い所はありません。」
「それは，細長いですか？」
「細長くはありません。」
「立方体ですか？」

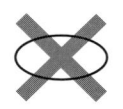

「だめだよ。その質問をして，違っていたら当てられないよ。」
「では，どういう質問がいいのでしょう。グループで相談しましょう。」
「続きの3つ目の質問ですか？」
「いいえ，最初の質問から考えましょう。」

2．条件を考える

質問を考える，ということは，2つの種類に分けることと同じである。

つまり，「平面はあるかどうか」を問うということは，その形が「平面のある形」と「平面が無い形」のグループのどちらに入るかを決めていることになる。「正方形の面があるかどうか」という質問も，「正方形の面がある形」と「正方形の面が無い形」とに分けて，それを確定している。質問は，「2つに分ける条件」を決めていることなのである。

このように，条件を絞ることにより，1つの形を確定していく。全部の形が分かっていれば，どこで線を引くかが分かるので，最初に全部を見せると，難易度は低くなる。クラスの実態によりどう扱うかを決めるとよい。

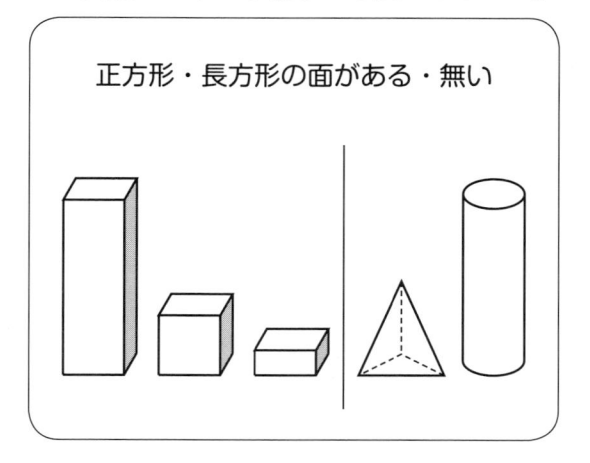

正方形・長方形の面がある・無い

3．条件を整理する

子どもたちは，いろいろな考えを示す。
「正方形や長方形だけで囲まれている」
「曲面（未習）がある」
「頂点が8つある」（頂点については，錐体の場合1つとなるので，扱いには注意する）
「平行な面がある」
など，図形的な要素を考える。この，図形的な要素を取り上げるのがポイントである。

子どもたちから，この単元で学習するべき視点がどんどん出てくる。それをとりあげるから，わくわくするのである。

これを，教師から，「では，面の数から調べてみましょう。」などと指示したのでは，わくわく感は半分以下である。

図形の見方が発表されたところで，正方形，長方形といった平面の形，頂点やその数，平行・垂直といった形の特徴に関係した言葉を取り上げて，今後のこの単元で扱う立体の見方を暗示する。

子どもたちの中には，「細長い」「太い」「丸っこい」といった，正確ではない言葉を使ったり，「チョコレートみたい」「船みたい」などのイメージの言葉を使ったりする子もいる。それらの言葉と，図形に関係した言葉を区別することが，ここでのめあてになる。

このあたりで7分経つ。

4．グループで相談・発表

この後の展開は，いくつかの方法がある。1つは，相談しやすい4人ぐらいのグループで話し合わせる。もちろん，全体での話し合いに進んでもよいのだが，グループの方がわくわく感は持続する。

さて，子どもたちは，それぞれの意見を言い合う。

「大きな質問を先にした方がいいんじゃないかな。たとえば，平面だけで囲まれているか，とか。」
「頂点があるか無いか，もいいね。」
「最初の質問の答えによって，2番目の質問が違ってこないかな。」
「どういうこと？」
「平面だけで囲まれていたら，次は面の形や数を聞くでしょ。でも，平面だけでなければ，平面はいくつあるかとか。」
「2番目の質問は，変えていいのかな。先生，2番目の質問は，1番目の質問の答えで変えていいですか。」
「そうですね。それもいいことにしましょう。」

子どもたちの考えが固まってきたところで，発表させる。

Aグループ
1 「平面だけで囲まれていますか。」
2 はい「面の形は全部長方形ですか。」
2 いいえ「平面の数はいくつですか。」
3 「正方形の面は2つですか。」
3 「平面の形は円ですか。」

Bグループ
1 「その形は直方体ですか。」
2 「その形には，曲面がありますか。」
3 「その形には，三角形がありますか。」

Cグループ
1 「頂点は8つですか。」
2 「正方形は2つですか。」
3 「長方形は4つですか。」

導入のアイディア④ 「中身は何？」隠してじらしてわくわくさせる

それぞれのグループは，順番を考えたり，前の問題の答えが「はい」「いいえ」によって質問を変えたりして，工夫している。

このあと，教科書の図を見せてイメージ化させ，質問を修正させる。その際，最初に述べたように，教科書の図に加えて，角錐と円錐を加えた方が，後に柱体の概念づくりをするときに，はっきりしやすい。

📖 同教科書　5下 P.95

5．はらはらさせる工夫

はらはらさせる工夫は，「立体を見せない」ということである。条件を考えさせ，当てさせる。ここで，子どもたちはゲーム感覚となる。しかも，チームプレーとなる。

最初の7分は，話し合いの中で終わるが，この後，グループごとに，ほかのグループにわからないように，「はい」「いいえ」の返事を伝え，その答えとなる形の見取り図を描かせる。そして，近いグループによい点を与える。

その後は，考えた質問や条件について全員で評価する。どんな質問を先にすればよいのか。また，「細長い」などのイメージは，人によって違うので，より図形として正確な言葉を選んで質問した方がいいことを示唆していく。

次に，問題を出す子を決めて，出題と質問を交代でさせる，という展開もできる。全体の前で何人かの子どもに問題を出させ，全体で3つの質問を受ける。それで，イメージする形の見取り図を全員が描いていく。

> 問題を出します。どんな形でしょう。

> その形には平らな面がありますか。

> その形には平行な面はありますか。

> その形には円がありますか。

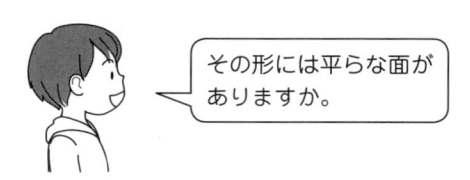

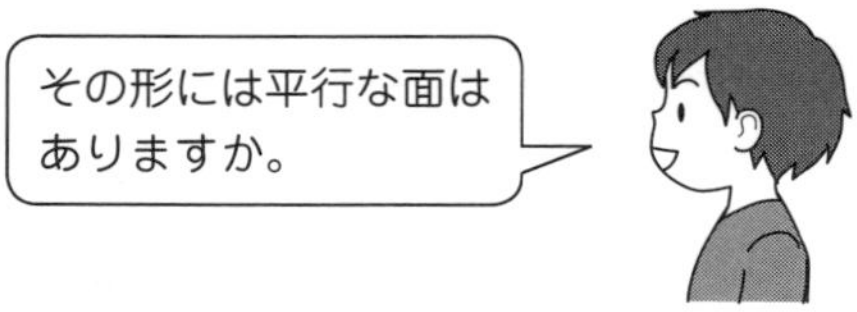

このように，「隠す」こと，「多様なアイディアを生かす」ことにより，子どもたちをわくわくさせることができる。

79

5 「高橋長兵」の導入のつくり方

【私の導入術】

子どもが算数の問題に働きかける構えを創る授業づくり

算数の授業では，まず授業の初めの部分で，子どもに問題を提示する。問題が提示され，解決を促されているので解こうとするが，まだ問いを意識していない。

子どもが問いを意識するのは，その問題に自分で働きかけたときである。問題に働きかけるというのは，例えば，提示した問題に含まれるさまざまな数値や形，位置などの条件について考えたり，問題を自分が解決できる形に変えたりすることである。

そこで，私は，条件を変化させる問題の提示や，発展的な問題づくりの授業づくりに取り組んできた。

● 数と計算の授業では

算数の指導の重点の1つである，数と計算の授業づくりでは，計算の意味や仕方を考える活動を通して，思考力表現力を高めていくための工夫の1つとして□を用いた形式の問題を提示する。

□に入れるべき数を考える活動を通して，なぜそうなるのかという子どもなりの論理が生まれ，説明することができる。

子どもは，□の中に入れるべき数を探していくうちに，知らず知らずに，たくさんの計算をしていくことになる。

例えば，第2学年では，2けた同士でたし算をする。そして十の位に繰り上がりがある場合の学習をする。

📖 小学校算数教科書　2上 P.18　教育出版刊

そこで，教科書の問題を生かして，次のような問題を出す。

「今から，黒板に□の入った筆算を書きます。さあ，この□の中にどんな数が入るか考えてみましょう。」

このように言ってから，黒板に筆算を書き出す。

これを見て，子どもは

「なんだ全部□じゃない。それじゃ何でも入れればできちゃうよ。」

と言う。そこで，

「この□の中に，3つだけ先生が数を入れるから，あとの□の中を考えてもらうんです。」

と続けて，3つの□の中に，3という数字を入れていく。

「あれ，3が3つだ。おもしろいな。」

「難しくなった感じがする。」

といった声も聞こえるが,ここまでくると,子どもの手はもう動き出す。

すると,「できた,できた」という声が上がる。

「A君は早くできたなぁ。すごい。Bさんもできたぞ。いいね。その調子だ。」
と言いながら机の間を見て回り,

「あれ,できたのは,同じじゃないね。」
と話すと,まわりの子どもが顔を上げる。

「答えは1つだけじゃないの。」

「たくさん出てくるの。」

答えが1つだけではなさそうだと気づいたら,さらに真剣に考え続けていく。

● 問題づくりの授業

子どもは,算数の授業は問題を解くことが学習活動だと考えている場合が多い。多くの問題を解くことを通して,解決法が身に付くにようになると考えている。

しかし,算数の問題を,解いて終わりというものにするのではなく,「数字を変えたら」「図形を変えたら」といった新たな疑問を持ち,それを解明していく活動を通してこそ,算数の学び方を身に付けることができる。

そこで,1つの問題を解いた後,その問題をもとにして,条件を変えたり,逆の構成にしてみたりして問題づくりの活動をする。

子どもが,自ら問題を創り出していく活動は,子どもの主体的な活動を促し数学的な考えを伸ばすことができる。子どもは,算数は自分でも問題がつくれるといった意識になり,自分の算数の学び観が変容する。

例えば,第3学年では定規とコンパスを用いて円を作図をする。円の直径や半径などの構成要素に着目したり,円の性質を理解したりする学習をする。コンパスを用いた作図を理解できるようになったら,問題づくりの授業をする。

📖 同教科書　3下 P.35

「直径12cmの円の中に,このように2つの円をかきます。」

このように言ってから,黒板にモデルをかき始める。

ここでは,問題をできるだけ分かりやすく言葉と操作方法で示す。

「2つの円は大きい円の中心を通る」ように図をかいていく。

まだ,使いこなせない子どももいるので,個別に指導をする。

全員ができ上がったところで,黒板に問題を書く。

「小さい円の半径は何cmでしょう。」

さっそく,定規を用いてすぐに答えを求めようとする子どももいる。

「図を使って考えてみよう。」

「式にするの？」

「そうですね。図から分かることを使って考えてください。その方法を式で表せばいいです。」

こんなやり取りをしながら,自分の用紙に考えた方法を表そうと取り組みはじめる。

この後,一応の解決が見られたら,「今やった問題をもとにして,自分でも似たような問題を創ってみよう。」と発問する。

さまざまな問題ができるので,次の時間に解いてみることにする。

導入のアイディア ①

計算の仕組みを考えたくなる □を用いた問題提示

第3学年 「かけ算の筆算（2）」

◆ねらいをとらえる

　この単元は，「かけ算の筆算(2)」である。「小学校学習指導要領解説・算数編」では，「A(3)乗法」として，「第3学年では，2位数や3位数に1位数や2位数をかける乗法の計算を指導する」と述べられている。

　ここでは，計算の意味や仕方を考えたり，考えを表現したりすることをねらいとして［算数的活動］(1)ア「整数，小数及び分数についての計算の意味や計算の仕方を，具体物を用いたり，言葉，数，式，図を用いたりして考え，説明する活動」も示されている。

　この単元では，子どもたちが，乗数が2位数の場合の筆算の方法を考えていけるようにすることが大切である。

　例えば，23×27の場合，乗数を20＋7とみて，23×20と23×7に分けて考えて計算していく。その際に，これまで学習してきた何十をかける計算や1位数をかける計算に基づいて考えていけるようにすることである。

　ここで学習する乗法の計算は，確実に身に付けられるようにし，生活やこれからの学習の場面で活用できるようにすることが大切である。

　しかし，本単元のような数と計算の学習では，子どもは問題を解くことが学習活動だと考えることが多い。多くの問題を解くことを通して，解決法が身に付くようになると考えている。

　そこで，提示された問題を解いて終わりではなく，「数字を変えたら」といった問題づくりをしていく活動を通して，算数の学び方を身に付けさせることができる。

◆教科書では

　単元の前半では，何十をかける計算を考える問題を載せている。

📖 同教科書　3下 P.54

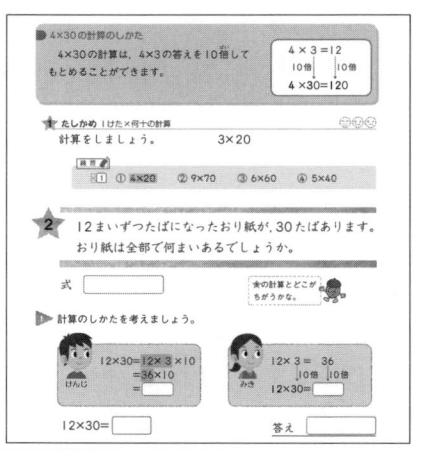

📖 同教科書　3下 P.55

導入のアイディア①　計算の仕組みを考えたくなる□を用いた問題提示

1位数×何十のような新しい計算の方法を，これまで学習してきた乗法九九や，2位数×1位数の計算をもとにして考えさせている。

次に，2位数×2位数，3位数×2位数の筆算の方法を考える。さらに，乗数や被乗数が何十のような簡単な場合の計算の工夫を考えるように発展させている。

そこでは，考えたことを図や式，言葉を用いて説明する活動ができるように工夫されている。

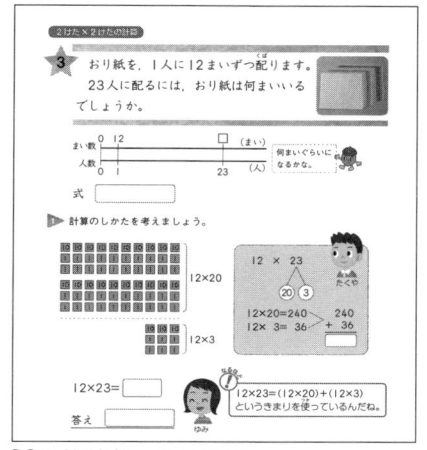

📖同教科書　3下 P.56

📖同教科書　3下 P.62

◆**教科書を活用した導入7分のアイディア**

2位数×2位数の計算の仕方を考えさせる場面の問題を，そのまま提示して考えさせようとすると自力での解決が難しい子どももいる。

そこで，次のような，子どもたちが提示された問題に働きかける授業づくりを考えてみた。

(1)　**同じ構造の問題を並べてみる**

まず，子どもの身に付けている力で，この問題の答えを求めることができる問題を提示する。計算の意味や計算の仕方，筆算の手順などの定着の状況も確認することができる。

> 折り紙を一人に12枚ずつ配ります。
> □人に配るには，折り紙は何枚いるでしょうか。

乗数の数値を□で隠す。そして，乗数を20人，23人，26人と変化させながら提示していく。

このようにして問題づくりをすることで，構造が同じ問題を2つ提示することができる。

問題を並べて板書すれば，子どもは比較することができる。そして，気づいたことを伝える場面を設定する。

例えば，「どちらもかけ算である」という意見は，構造が同じ問題なので，1問目の考え方が2問目でも使えば答えが求められるという見方につながる。

また，□に入れるべき数を考える活動を通して，なぜそうなるのかという子どもなりの論理が生まれる。

子どもは，□の中に入れるべき数を探していくうちに，説明することができる。

(2)　**子どもと一緒に筆算の問題づくりをする**

例えば，2位数のかけ算の練習として，次のような問題を出す。

「今から，黒板に□の入った筆算を書きます。さあ，この□の中にどんな数が入るか考えてみましょう。」

このように言ってから，黒板に筆算を書き出す。

83

```
□□
×  □□
```

これを見れば、子どもは、
「なんだ全部□だ。たくさんできちゃうよ。」
と言う。この問題は、答えが多様になるオープンエンドな問題とも捉えられる。そこで、
「この□の中に、みんなから好きな2桁の数を入れてもらいます。先生も数を入れるから、それを計算しましょう。」と言って、問題づくりをする。

このとき、乗数と被乗数の十の位は同じ数字で、一の位同士の和が10になるようにする。

```
    2 3
×   2 7
―――――――
  6 2 1    ← 3 × 7 = 21
    ↑
  2 × 2 + 2
  2 × 3
  2 ×（2 + 1）
```

このような問題であれば、子どもたちがたくさんの計算練習をしながら、計算のきまりを見いだしたり、それを説明したりする活動ができるように仕組むことができる。

そして、なぜそうなるか考えたくなり、子どもの主体的な活動を促し数学的な考えを伸ばすことができる。

◆授業の構想
(1) 問題の構造を考える

T：何の問題でしょうか。

> 折り紙を一人に12枚ずつ配ります。
> □人に配るには、折り紙は何枚いるでしょうか。

乗数の数値は、□で隠して提示する。

C：折り紙を一人に12枚ずつ配る問題です。
C：何人かに折り紙を配ると、折り紙は何枚必要かを考える問題です。
C：何人に配るか分かっていない問題です。

そこで、乗数を20人、23人、26人と変化させながら提示していく。

このようにして問題づくりをすることで、構造が同じ問題を3つ提示することができる。

問題を並べて板書すれば、子どもは比較することができる。そして、気づいたことを伝える場面を設定する。

C：どれもかけ算になる問題です。
C：12×20の計算は、何十をかける計算で求められます。
C：12×23と12×26の計算は、まだ勉強していないです。
T：今日の課題は何ですか。
C：12×23のような計算の仕方を考えていきたいです。
C：筆算の仕方を勉強していきたいです。

(2) 筆算の計算練習

T：今日は、筆算の練習をするよ。
　さあ、この□の中にどんな数が入るか考えてみましょう。

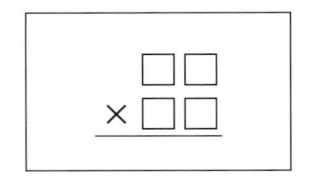

```
    □□
×   □□
```

T：この□の中に、みんなから好きな2桁の数を入れてもらいます。先生も数を入れるから、それを計算しましょう。

このとき，乗数と被乗数の十の位は同じ数字で，一の位同士の和が10になるようにする。

例えば，52×58，34×36，26×24である。作った問題を計算することで，筆算の習熟を図る場とすることができる。

そして，かける数にどんな数を入れているのか着目させるために，作った問題を筆算を用いないですぐ答えて見せる。何か秘密がありそうだと気づかせていく。

すると，なぜそうなるか考えたくなり，子どもの主体的な活動を促し数学的な考えを伸ばすことができる。

(3) 筆算の秘密を考える

```
      2 3
  ×   2 7
  ─────────   ← 3 × 7 = 21
      6 2 1
      ↑
  2 × 2 + 2
  2 × 3
  2 × ( 2 + 1 )
```

このような問題であれば，子どもたちがたくさんの計算練習をしながら，計算のきまりを見いだしたり，それを説明したりする活動ができるように仕組むことができる。

◆面白い計算の秘密

例えば，53×57は3021

(1) 筆算

```
      5 3
  ×   5 7
  ─────────
      2 1    ① 7 × 3
    3 5 0    ② 7 × 50
    1 5 0    ③ 50 × 3
  2 5 0 0    ④ 50 × 50
  ─────────
  3 0 2 1
```

(2) 面積の図

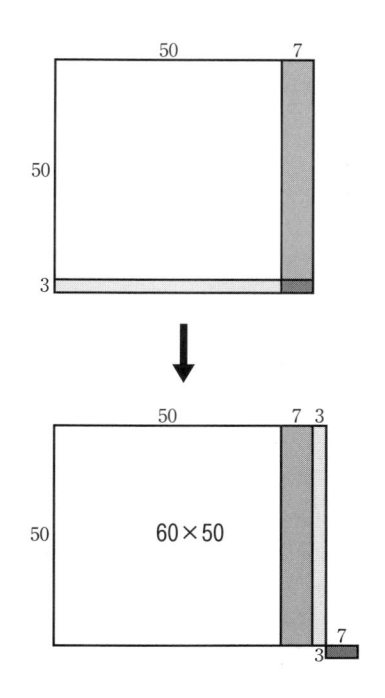

(3) 文字を使って

10の位＝A，1の位＝B，Cとすると，[AB]×[AC]を求める。B＋C＝10

$[AB] \times [AC] = (10A+B) \times (10A+C)$
$= 100A \times A + B \times 10A + 10A \times C + B \times C$
$= 100A \times A + 10A \times (B+C) + B \times C$
$= 100A \times A + 10A \times 10 + B \times C$
$= 100A \times (A+1) + B \times C$

計算の結果は百の位が（A＋1）×Aと，十の位と一の位がB×Cである。

導入のアイディア

② 追究するきっかけを創る問題提示 大小を比較する場を設ける

第4学年 「分数の大きさとたし算，ひき算」

◆ねらいをとらえる

　この単元は，「分数の大きさとたし算，ひき算」である。「小学校学習指導要領解説・算数編」では，第4学年「A(6)同分母の分数の加法，減法」として，「第4学年では，分数の意味や表し方について理解を深めるとともに，同分母の分数の加法及び減法の意味について理解し，それらの計算ができるようにすることねらいとしている」と述べられている。

　また，この単元では，真分数，仮分数，帯分数の意味と用語についても学習する。

　この学年の分数の学習で大切にしたいことの1つは，単位分数のいくつ分ということは，さまざまな問題解決の場面でのよりどころになるものであるという考え方である。また，分数の大きさについての感覚を豊かにすることも大切なねらいの1つである。

　第4学年の子どもたちは，これまでに学習したことをもとにして考え，また自分の主張したいことを主張する。しかし，子どもたちの個人差が大きくなってくる時期でもある。そこで，思考の仕方やコミュニケーションの面においても，その差への対応を考慮することが必要である。いい意見や考え方を，個人や一部の子どもだけのものにしないで，全体で話し合い共有できるようなコミュニケーションの持ち方の工夫が大切である。

　また，この単元の授業で大切にしたいこととして，自分の考えていることをきちんと持つこと，それを相手に伝えられる数学的なコミュニケーションがあげられる。

　子どもたちが交流を持ちながら，算数的な用語・記号を伝えるようにすることである。これを積み重ねていくようにしていきたい。

◆教科書では

　教科書では，分数を用いる場面として道のりを取り上げている。

　この導入は，正方形の形をした図のうえに階段状に表した道のりを表している。子どもたちにとって，正方形の上に示した道のりについてイメージが持ちやすいように配慮してある。

📖同教科書　4下 P.85

　単元の導入の時間は，単位分数の何個分の大きさで表す活動である。

　「分数で道のりを表すことはできるかな？」

導入のアイディア②　追究するきっかけを創る問題提示　大小を比較する場を設ける

という問いが生まれてくるような問題を載せている。

そして、$\frac{1}{3}$mの5こ分の長さにあたる道のりを調べる場面を問題として設定している。

このことを踏まえて、子どもたちには「1より大きい分数には、どんな表し方があるか？」という課題意識を持たせたい。

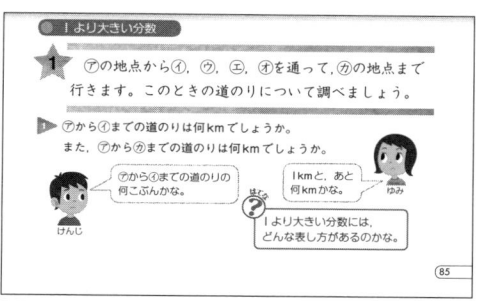

📖同教科書　4下P.85

この時間では、子どもたちは図に表された道のりを調べたり、これまでの分数の学習をもとにして道のりの表し方を工夫したりして考えていくことを通して、真分数、仮分数、帯分数についての理解を深めることがねらいである。

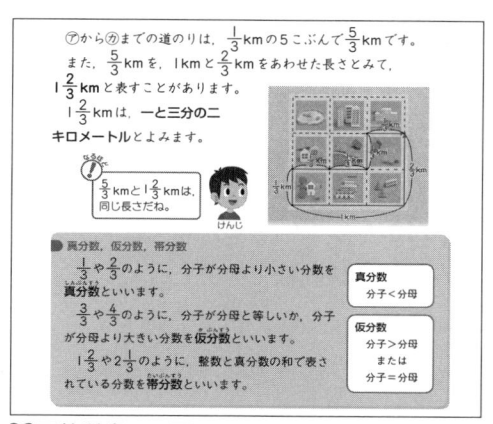

📖同教科書　4下P.86

そこで、正方形の形をした図に表された道のりをテープ図や数直線のように表す場面は丁寧に扱い、子どもたちが正方形の図とテープ図や数直線を同等にとらえられるようにする。それは、子どもたちの中には、1より大きい分数を数直線の上に表すことに、ギャップを感じることがあるからである。

1時間の授業の中で生活に近い事象から抽象していくのは中学年の段階では難しいところがあるので、子どもたちの実態に応じて扱う図等も工夫していきたい。

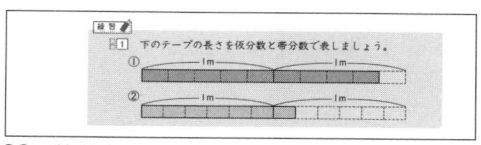

📖同教科書　4下P.86

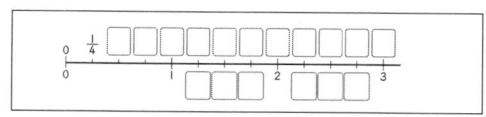

📖同教科書　4下P.87

◆**導入7分のアイディア**

(1) **いろいろな道順を考えさせる活動**

子どもたちに、単位分数の何個分の大きさで表す活動を主体的に学習に取り組ませるために、教科書の図を使って、いろいろな建物や場所への道のりを調べていく。

地図には、複数の建物や場所が載っており、その道のりを幾通りにも表すことができる。答えが複数あるので、子どもが積極的に活動する場が生まれる。

(2) **道のりの大きさを比較する活動**

いくつかの道順の中から、道のりを比べる場を設定する。

大小を比較することで、子どもたちにとっては直観的に判断することもでき、自分なりの考えを持ち、発表することができる。

そこで、「本当に？」や「どうして？」と問うことで、自分の考えについて根拠を表したり、説明したりする。

さらに，道のりを「はっきり表したい」という気持ちも生まれてくる。

このような活動で，多くの子どもを活躍させることができ，授業が活気づく。

◆授業の構成
(1) 道のりの表し方を知る

T：今日はこの正方形の形をした地図があります。1辺の長さは1kmです。

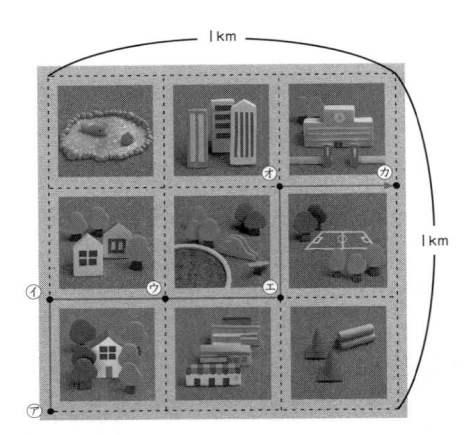

📖同教科書　4下 P.85

T：家からビルまでの道のりは？
T：⑦から①までは何kmですか？
C：$\frac{1}{3}$kmです。
T：本当に？　どうして？
C：1kmを3等分しているからです。
C：3等分したうちの1つ分だからです。
T：では，この地図の中で，どんな所へ行くことができるのかな？
C：（複数の児童を指名して，板書を用いて発表させる）
T：今，発表された道のりをこのテープで表してください。
C：（テープを地図にはっていく）
T：どれが長いでしょうか？
　　何kmですか？
C：テープを伸ばして比べたら分かるよ。
C：分数で表せばいいかな。

(2) 道のりを分数を用いて表す

家から学校までの道のりを調べましょう。

T：（1kmの4つ分の道順を確認し）
　　この□kmを表すにはどうすればいいでしょうか。
C：小数で表すことができます。
C：分数でできると思います。
C：1kmは1000mだから小数でできると思います。
C：小数だと割り切れないので，できないと思います。
C：ぼくもそう思います。
C：でも，1より大きいので分数ではできないと思います。
C：でも分数でいいと思います。
T：では，この□kmを分数で表すことができるかはっきりさせていきましょう。

1より大きい分数の表し方を考える。

(3) 1kmより大きい長さを考える

T：では，自分の考えを表してみましょう。
C：わたしはテープ図に表して考えました。$\frac{1}{3}$が3つで$\frac{3}{3}$になって，$\frac{3}{3}$は1だから，1と$\frac{1}{3}$としました。
C：ぼくは数直線で考えたんだけど，$\frac{3}{3}$kmで1kmだから，1kmと$\frac{1}{3}$kmにしました。
C：わたしも数直線で考えたんだけど，$\frac{1}{3}$km, $\frac{2}{3}$km, $\frac{3}{3}$kmだから，次は$\frac{4}{3}$kmです。
T：この他の考えはありませんか。
C：ぼくは数図で考えました。家から学校までは$\frac{1}{3}$kmの4つ分ですよね。$\frac{1}{3}$kmが3つで1kmです。だから，1kmと$\frac{1}{3}$kmとしました。
T：発表を聞いて，質問や意見はありませんか。
C：数図の考えがわかりやすかったです。

C：$\frac{4}{3}$という分数はないと思います。
　だって，1を3つに分けた1つ分が$\frac{1}{3}$で，その4つ分だと大きくなってしまうからです。

(4) 2つの表し方について検討を加える

C：わたしは，それは$\frac{3}{3}$で1だから，1と$\frac{1}{3}$です。
C：1は$\frac{3}{3}$と同じだから，1と3をたして4になるから$\frac{4}{3}$になっていいと思います。
C：家から学校までは$\frac{1}{3}$が4つ分だから，どちらも同じことだと思います。
C：（数直線を使って）
　$\frac{1}{3}$の1つ分，2つ分，3つ分，4つ分ということです。
C：$\frac{1}{3}$が3つ分で1で，のこりの$\frac{1}{3}$です。
T：$\frac{4}{3}$のような分数は他にないかな？
C：$\frac{5}{3}$，$\frac{6}{3}$……
C：$\frac{5}{3}$kmです。
T：どうしてですか？
C：$\frac{1}{3}$kmの5つ分になっているからです。
C：1kmと$\frac{2}{3}$kmと同じです。
T：今日の学習をまとめましょう。

今日の学習では，最初は3等分したうちの4つという意味が分からなかったけども，あとから$\frac{1}{3}$×4ということが分かりました。

ぼくは1より大きい分数の表し方を考えて，友だちの図がぼくにはとても分かりやすかったです。だから，これからも，友だちのやり方をおぼえておきたいです。

◆分数の学習のポイント

　分数は，ある大きさをa等分したものをb個集めた大きさを表す。整数nと分数$\frac{b}{a}$との和を$n\frac{b}{a}$と表す。この分数を帯分数，$a > b$である分数$\frac{b}{a}$を真分数，$a \leqq b$である分数を仮分数という。

　子どもたちは，第2学年で，分数の学習の基盤となる素地的な活動を通して$\frac{1}{2}$，$\frac{1}{4}$などの簡単な分数について学習する。

　第3学年では，等分してできる部分の大きさや端数部分の大きさを表すのに分数を用いることや，分数は単位分数のいくつ分かで表せることを学習する。

　そして，第5学年では，整数の除法の結果を分数で表すことを学習する。また，分数を小数で表すことや，異分母の分数の大小の比較，そして，異分母の分数の加法及び減法，乗数や除数が整数である場合の分数の乗法及び除法を学習する。

　第6学年では，乗数や除数が分数である場合の乗法及び除法を学習する。

導入のアイディア

3 多角形の内角の大きさを調べるきっかけを創る
図形を変えていく発展的な問題提示

第5学年　「三角形や四角形の角」

◆ねらいをとらえる

　この単元は，「三角形や四角形の角」である。「小学校学習指導要領解説・算数編」では，「C(1)ウ図形の性質」として，「第5学年では，図形の性質を見いだし，それを用いて図形を調べたり構成したりすることを指導する」と述べられている。図形の性質とは，ある図形についていつでも成り立つような事柄である。例えば，どんな三角形や四角形でも，内角の和は180°，360°という性質がある。

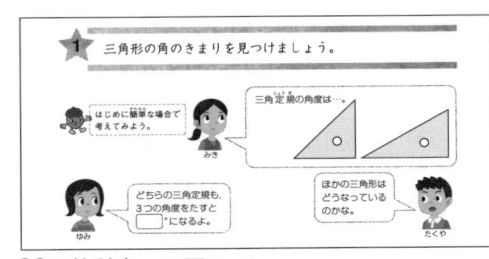

同教科書　5下 P.10

　また，［算数的活動］には(1)エとして，「三角形の三つの角の大きさの和が180°になることを帰納的に考え，説明する活動。四角形の四つの角の大きさの和が360°になることを演繹的に考え，説明する活動」と示されている。この単元では，いろいろな三角形を調べることを通して，三角形の内角の和が180°になることを考え説明すること，そして，三角形の内角の和が180°であることをもとにして，四角形の内角の和が360°になることを考え説明することをねらいとしている。

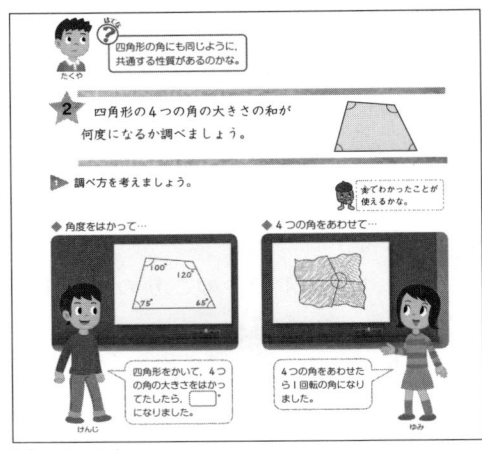

同教科書　5下 P.12

　この単元のように，図形の性質についての学習で大切にしたいことは，「どこまで同じように考えることができるか」という一般化を意識した問いを持たせることである。

◆導入7分のアイディア

(1) 図形を変えていく問題づくり

　本時は，三角形と四角形の内角の和について学習した次の時間である。子どもたちの学習を主体的に学習に取り組ませるために，正多角形にこだわって内角の和を調べていく「導入」にしたい。

　まず，「正三角形をかきましょう。」と板書する。

　すると，「辺の長さはどんな大きさでもいいのかな」とつぶやき始める。コンパスの使

■導入のアイディア③　多角形の内角の大きさを調べるきっかけを創る図形を変えていく発展的な問題提示

い方も確かめながら正三角形をかいていくと，『次はどんな問題でしょうか？』という問いかけに対して，『正方形もいける！　だって角の大きさは90°じゃん！』などという反応がある。

そこで，正三角形→正方形と作図した後，子どもたちからは，『正五角形だってかけるんじゃない？』『正五角形もかいてみたい』という声が出てきた。

子どもたちの中に生まれた「正五角形の角の大きさは？」という問いが全体の課題となるようにする。

(2)　授業のポイントを式，言葉でまとめる

子どもたちは，正三角形について「3つの辺の長さは同じ」「3つの角の大きさが同じ」という性質やそのかき方を学習してきているので，正三角形をかく際に，『正多角形は，辺の長さがすべて同じ』『角の大きさもすべて同じ』ということを子どもたちと確認し，板書に位置づける。

そして，『正三角形の1つの角の大きさって，何度かな？』と問うと，子どもたちからは，『60°』という答えがすぐ返ってくる。

『その60°って，どうやって求めたの？』と切り返すと，

『だって，三角形の内角の和は180°でしょ。正三角形の角の大きさは全部同じだから，3で割ればいい。』

『180÷3＝60で，1つの角は60°』という説明を，子どもたちはすることができる。

この『内角の和を角の数で等分する』という考えが本時の重要なポイントになるので，式にまとめて表して板書に残しておく。

◆教科書では

単元の前半では，三角形を敷き詰める活動を通して，三角形の3つの角を集めると直線になることから，「三角形の角には，何かきまりがあるのかな？」という問いが，生まれてくるようにしている。

次に，三角定規の3つの角の大きさについて調べたり，いろいろな大きさや形の三角形でも調べてみたりするなど，3つの角の大きさの和が180°になることを確かめたら，次のように学習を振り返っている。

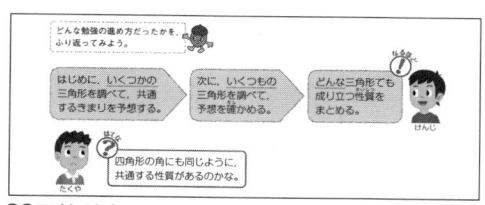

📖同教科書　5下 P.12

「三角形の内角の和が180°である」という性質をもとにして四角形の角の大きさについて工夫して調べる活動へと発展させている。

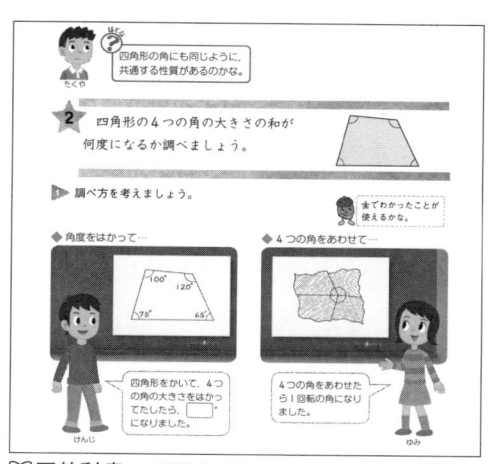

📖同教科書　5下 P.12

ここでは，「三角形でわかったことが使えるかな」という挿絵がある。

このように図形の性質についての学習で大切にしたいことである「どこまで同じように考えることができるか」という一般化を意識

91

した問いを持たせることであることが強調されている。

また，三角形の内角の和の時間と同様に，学習の振り返りをしている。このことを生かして，「だったら，次はどんな問題が出ると思うか？」と子どもたちに問いかけたい。

三角形→四角形と学習を進めてきているので，「五角形や六角形を学習してみたい」という見通しを持たせることができる。そのような意識を生かして，多角形の内角の和の学習に取り組ませていきたいものである。

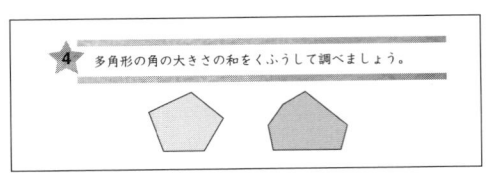

□同教科書　5下 P.14

「多角形の角の大きさを工夫して調べましょう」と言い，問題は既に学習していることをもとにして，新しいことを考え説明していくことを求めている。また，考え方が多様になるオープンエンドな問題とも捉えられる。

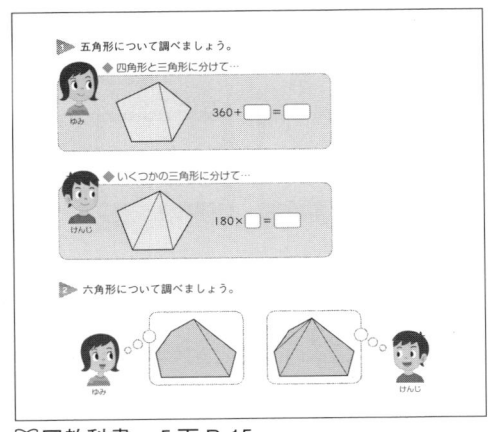

□同教科書　5下 P.15

考えたことを式や言葉を用いて説明する活動が大切である。

◆授業の構想

まず，正三角形→正方形という順序で作図する問題を提示していく。

子どもたちは，正三角形について「3つの辺の長さは同じ」，「3つの角の大きさが同じ」という性質，コンパスを用いて正三角形のかき方を学習してきている。

また，正方形では三角定規を使って平行線と垂直線のかき方を復習することになる。

すると，できあがった図形を見ながら「次にかく図形が何か分かった」という子どもの声がする。

正三角形→正方形という流れから，正五角形という図形をイメージするからである。その声を広げて「正五角形の1つの角の大きさは？」という問いを子どもたち全員のものにしていくのである。

この後の展開は，まだ学習していない正五角形の角の大きさを考え出すのに，仮の形をかいていきながら角の大きさを調べていくことができる。みんなの描いた五角形をもとにして調べていくということは，帰納的に考えることである。

そして，「三角形の3つの角の和は180°である」という見いだしたことをもとにして，角の大きさは等しいので正五角形の1つの角の大きさが108°であると筋道立てて考えることができる。

正五角形は分度器と定規を使って次のようにしてかくことができる。

「初めに一辺をかき，そこから108°をとり，さらにとなりの辺，そして108°という繰り返しで，最後の辺をひく。」

こうすると，初めにひいた辺の端とぴったりつながるのである。

なお，この時間では正五角形を中心に取り上げるが，円とコンパスを使った正六角形の

描き方や，正八角形のつくり方は子どもたちに紹介したいものである。

本時での学習は，さらに，「正六角形ならどうなるかな？」という新しい問いへと発展していく。

◆導入7分の記録

T：(「正□角形をかこう！」と問いかけ，「どの正□角形ならかけそうかな？」と続ける。)
C：正三角形です。
C：正方形も。だって直角だよ。
T：みんな，大丈夫かな？　正三角形はどんな形ですか？　と質問されたら？
C：正三角形は，辺の長さがすべて同じ三角形です。
C：角の大きさもすべて同じ三角形です。
T：正三角形の1つの角の大きさは，何度ですか？
C：60°。
T：その60°は，どうやって求めたの？
C：それは，三角形の内角の和は180°でしょ。角の大きさは全部同じだから3で割った。

T：式にすると？
C：180÷3＝60。1つの角は60°です。
T：ここまで，みんなの話したことは，黒板に残しておくね。
　　三角形の内角の和を角の数の3で等分する。
T：それじゃ，正三角形→正方形の順番にかいてみよう。
　　正三角形，正方形と作図した後，
C：正五角形だってかけるんじゃない？
C：正五角形もかいてみたい。
T：よし，正五角形→正六角形，そのまま続けてかいてみようか。

こうして1つの結果が得られても，さらに新しいものを発見していこうとする，発展的に考える力を伸ばすことができる。

このような学習活動を通して数学的な見方や処理の仕方を学ぶことは，学習した内容をより確かなものにし，自分自身の知識体系に整理して位置づけていくことができるであろう。

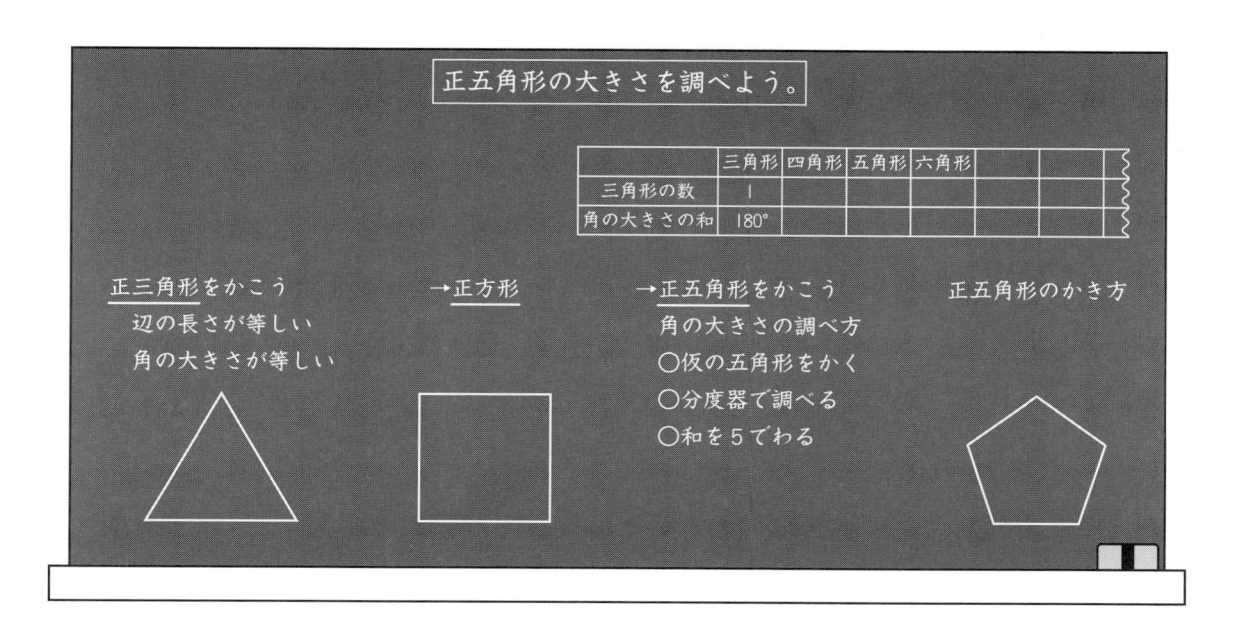

正五角形の大きさを調べよう。

	三角形	四角形	五角形	六角形		
三角形の数	1					
角の大きさの和	180°					

正三角形をかこう
　辺の長さが等しい
　角の大きさが等しい

→正方形

→正五角形をかこう
　角の大きさの調べ方
　○仮の五角形をかく
　○分度器で調べる
　○和を5でわる

正五角形のかき方

導入のアイディア

4 数量の関係を調べるきっかけを創る
大小の比較から，数値や形を変えていく問題づくり
第5学年 「四角形や三角形の面積」

◆ねらいをとらえる

　この単元は,「四角形や三角形の面積」であるが,『D数量関係』の比例の学習と関連している。

　「小学校学習指導要領解説・算数編」では，第5学年「B(1)ア図形の面積」として,「公式と具体的な図の併用で，高さを固定した平行四辺形や三角形について，底辺の長さが2倍，3倍になるときの面積の変化を考えさせること」と述べられている。また,「D(1)簡単な場合の比例の関係」では，第5学年で学習する比例の内容については,「表を用いて，一方が2倍，3倍，4倍，…になれば，それに伴って他方も2倍，3倍，4倍，…になる二つの数量の関係について知る程度」と示している。

　例えば，教科書では,「底辺が4cmの三角形の高さを変えたときの高さと面積の関係」である。

　この単元の学習では，三角形の面積の公式などの学習の際に，表に数量を当てはめながら調べていく活動の中で，比例の関係を見いだしていく。この学習で大切にしたいことは，複数の三角形の面積と高さを比較してみることで，子どもたちが数量の関係の特徴に気づいたり，説明したりする場を設けることである。

　また，見いだした比例の関係を式や言葉を用いて表す場を設けると，多くの子どもが活躍することができる。主体的に学ぶ態度をのばすことができる。

　さらに，三角形の面積の問題を解いて終わりにするのではなく，他の図形にしてみたらどうなるか，問題を発展していくように仕組んでいくことができる。子どもたちが考えようとする場面を増やしていくことで，算数の授業が活気づいていく。

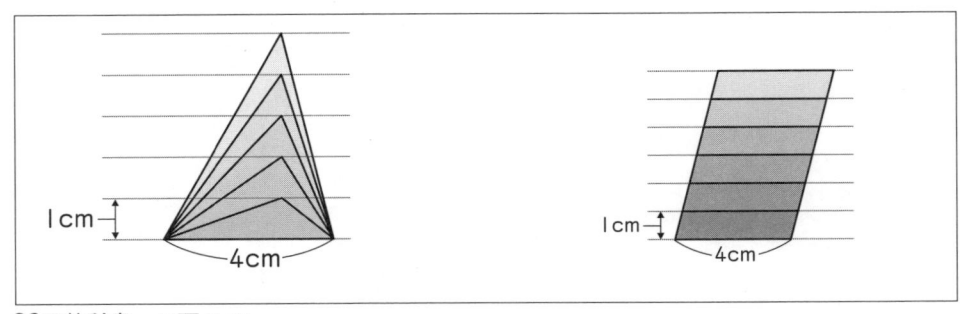

📖同教科書　5下 P.71

導入のアイディア④　数量の関係を調べるきっかけを創る大小の比較から，数値や形を変えていく問題づくり

◆教科書では

教科書も工夫されていて，子どもたちが数量の関係の特徴に気づいたり，説明したりする場を設けられている。

例えば，「高さが１cm増えると，面積は……。」や「高さが２倍，３倍になると，面積は……。」のように言葉を用いて的確にとらえられるようにしている。

また，見いだした比例の関係を○と△の記号を用いて表す場も設けている。

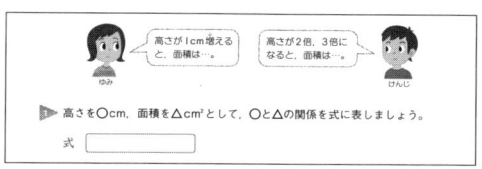

📖 同教科書　5下 P.71

さらに，三角形の面積の問題を解いて終わりにするのではなく，平行四辺形にしてみたらどうなるか，問題を発展していくように仕組んでいる。

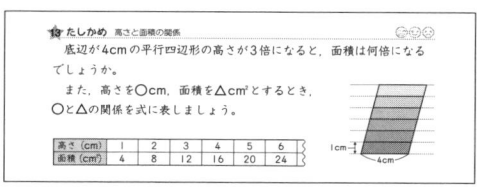

📖 同教科書　5下 P.71

◆導入の工夫を

教科書の記述を踏まえ，三角形の面積を求める場面の中から伴って変わる関係を調べる活動を設定しようと，２つの点から導入を考えてみた。

(1) 面積の大小を比較する

この単元では，前時までは「面積を求めましょう」と問いかけてきている。子どもたちは，その問題を解決するために，面積の公式を用いてきている。

しかし，教科書では「高さが変わると面積はどのように変わるでしょう」となり，問題の構造を把握できなくなる子どもが見られる。

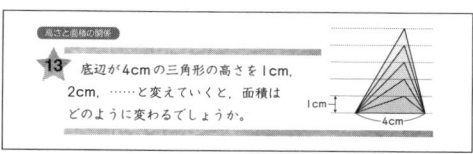

📖 同教科書　5下 P.71

そこで，面積を比較する問題に条件を変化させる。

子どもからは，「重ねて比べる」という直接比較を引き出すことができる。

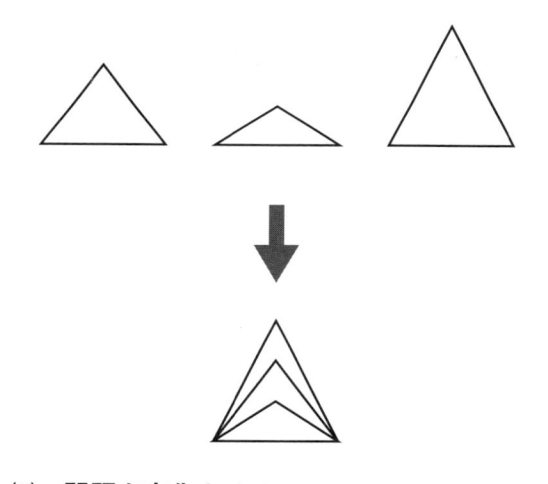

(2) 問題を変化させる

三角形の面積の大小は直接比較できたが，「面積がどれぐらい違うのか」という，新しい問いは生まれる。

子どもは，面積の公式をもとにして解決していこうと考える。そこで，それぞれの面積を求める式を並べて板書していく。「どれぐらい違うのか」と問いかけると，子どもたちは，式を用いて高さと面積の関係に着目するようになる。

◆授業の構想

本時は，例えば，三角形の面積を求める場合，高さが変わったら他に変わるものはどんなものがあるか変数を見つけ，その中で2つ取り出してきて依存関係を見いだすことである。表を用いて，伴って変わる高さと面積の関係を調べていくことである。

そこで，三角形の面積を求める場面の中から，伴って変わる関係を(1)調べる活動，(2)特徴を表す活動，(3)まとめる活動をポイントとして授業づくりを考える。

(1) 調べる活動
○底辺を一定にした場合，高さが変化するとそれに伴って面積も変化しているのではないかという問いを意識させるようにする。
○既習の内容から伴って変わる2つの数量の関係を考える。
○底辺の長さを固定した三角形について，高さが2倍，3倍になるときの面積の変化を調べる。

(2) 特徴を表す活動
○表を用いて，三角形の底辺の長さが一定の場合の高さが2倍，3倍になるときの面積を表す。
○表に表した数量の関係について，式や言葉を使って表す。
○対応する数量を横に見て，変化のきまりを見いだす。
○対応する数量を縦に見て，対応のきまりを見いだす。

(3) まとめる活動
○どの範囲でも成り立つことなのか調べる。
○見いだした特徴やきまりについてまとめる。
　（例）「高さが2倍，3倍，4倍…になれば，面積も2倍，3倍，4倍，…になる」

○身の回りにある数量の関係について考えてみる。
　（例）「高さを一定にして，底辺を変化させるとどうなるか？」など，比例の見方や考え方の適用範囲を広げるようにする。

◆導入7分のアイディア
(1) 大小を比較する問題提示
「三角形の大きさを比べよう」と問いかけ，三角形（紙板書）を提示する。

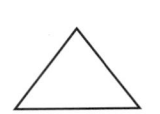

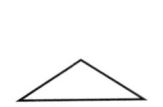

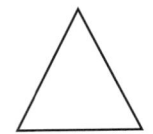

子どもの中には，辺の長さが分からないと比べられないと考えるものもいるが，すぐに大きさ（面積）は直接比較することができることに気づく。子どもたちからは「重ねて比べる」という思いをもつ。

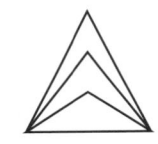

(2) 問題を変化させる
ここで，子どもの中からは「公式を使って面積を求めれば分かる」という声も聞こえる。そこで，辺の長さを示して，三角形の面積を求める式を並べて板書していく。そして，「面積がどれぐらい違うのか」と問題を変化させる。子どもたちは高さと面積の関係に着目するようになる。

「高さが変わると，面積はどのように変わるか調べたい」という子どもたちの問いをもとに，「三角形との底辺と高さ，そして面積の関係についてよく考える」という学習課題を設定する。

導入のアイディア④　数量の関係を調べるきっかけを創る大小の比較から，数値や形を変えていく問題づくり

◆導入7分の記録

T：（3つの三角形を提示して）「三角形の大きさを比べましょう。」と問いかける。
C：どれが大きいかな？
C：辺の長さはどうしたの？
T：辺の長さが何cmか分からないとだめかな？
C：そのまま重ねてみたら分かるかも。
T：今のお話はどういうことかな？　だれか前でやってみてくれない。
C：（三角形を重ねて）下にした三角形が一番大きいです。
C：だんだん大きくなってるね。
T：だんだんと大きく変化しているね。
C：計算してみたい。
T：じゃ辺の長さを教えるね。底辺は6cm，高さは3cm，6cm，9cmです。やってみてください。
C：「高さが3cmずつ増えている。」
C：「9㎠！」「18㎠！」「27㎠！」
T：それぞれの面積を求める式と計算を発表しましょう。
C：6×3÷2＝9　　9㎠
C：6×6÷2＝18　　18㎠
C：6×9÷2＝27　　27㎠
C：気がついたことがあります！
C：「面積が9㎠ずつ増えている。」
T：「増え方を表にまとめてみよう。気がついたことをノートに書きましょう。」
C：（まとめた表を用いて変化や対応について調べ，言葉や数を用いて説明する活動）
C：「高さが増えると，面積も増える。」（横に見ている・変化のきまり）
C：「高さを2倍，3倍にすると，面積も2倍，3倍になる。」

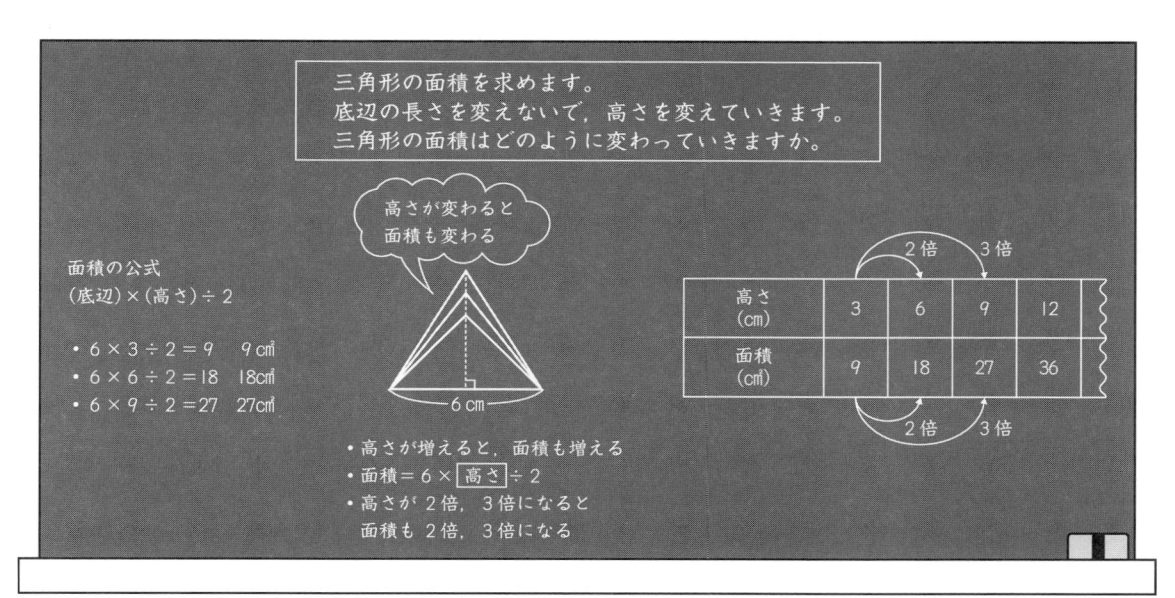

三角形の面積を求めます。
底辺の長さを変えないで，高さを変えていきます。
三角形の面積はどのように変わっていきますか。

高さが変わると面積も変わる

面積の公式
（底辺）×（高さ）÷2
・6×3÷2＝9　　9㎠
・6×6÷2＝18　　18㎠
・6×9÷2＝27　　27㎠

6cm

・高さが増えると，面積も増える
・面積＝6×　高さ　÷2
・高さが2倍，3倍になると面積も2倍，3倍になる

高さ (cm)	3	6	9	12
面積 (㎠)	9	18	27	36

2倍　3倍

◆比例の学習のポイント

　伴って変わる2つの数量の関係から比例の関係を見いだすことが基本の考えである。
　小学校算数科では，児童の経験をもとに，伴って変わる2つの数量の関係について学習する。比例の学習は，表を使って数量を当てはめながら調べたり，式やグラフを使って表したりしていく活動が必要である。そして，2つの数量の対応や変化の様子の特徴を見つける活動へ発展させることが大切である。

6 「髙橋正英」の導入のつくり方

【 私の導入術 】

目を輝かせ，授業に期待する子どもたちのために

はじめに

毎日の授業をスタートするにあたり，日付，授業ナンバー，タイトルを書いている。教師が書く前に本時のナンバーを教えてくれる大雄や朱夏，途中で止めたタイトルの続きを積極的に言ってくれる弘毅や規正…。

「今日はどんな授業かな…」「よし！ がんばるぞ…」それぞれの子どもが前向きなエネルギーを秘め，教師の次の言葉を待つ。私たちは，そんな子どもの期待に応えるために「さあ，今日はこれを一緒に考えたり話し合ったりしていくとすごく楽しいよ」と思える授業を提供していきたい。他でもない「自分の授業」を待ってくれる子どもたちのために。

(1) 教材に「問いを引き出す」要素を

子どもが生き生きと学ぶ授業を具現するためには導入時の「子どもの問い」を引き出すことは欠かせない。

では，子どもの問いを引き出すための手立てとして何が必要か？

それにはまず，授業前に行う教材研究を「子どもの心を揺さぶる」という視点で見直すことが求められる。

①問いを引き出す6つの要素

毎日のように行われる算数の授業を楽しくしていくため，子どもが生き生きと取り組んだ授業を分類・整理してみた。すると，次のような要素が浮かび上がってきた。

A 比べる	B 当てる	C 作る
D 数える	E 仲間を見つける	F 表す

教科書の内容をそのまま提示するのではなく，上記の要素を盛り込むことで，子どもが「やってみたい！」と動き始め，生き生きとした授業の実現につながるのである。

②「見えた！」でさらなる問いを生む

導入で動き始めた子どもたちは，ともに学ぶ仲間との交流の中で，自分の「気づき・考え方・思い」を形成していく。

しかし，45分間子どもの問いが連続し，心に残る授業にしていくためには，さらに学びを広め深めていく手立てを用意したい。

その手立ては授業中の子どもが「伝えたい！」「話し合いたい！」と本気で学ぶ姿に見いだすことができる。

子どもが授業で一番燃える時とはどんな時か，それは「これまで見えなかったことが見えてきた時」ではないだろうか。

- 方法が見えた
  〈例〉積や和を最大にする方法が……
- 共通点が見えた
  〈例〉グループの四角形にはどれも……
- 意味が見えた
  〈例〉青い矢印の意味が……

- 残り1つが見えた
  〈例〉袋に入っている数の仲間はもう1つあって……
- 面白い形（関係）が見えた
  〈例〉3の段の一の位を見ていくと……
- 正体が見えた
  〈例〉箱の中に入っている立体が……
- 数式が見えた
  〈例〉角柱の辺や面，頂点の数には……
- 理由が見えた
  〈例〉どうして先生は，2位数×2位数の答えがすぐに言えるのかな……

⑵「教材と子どもをつなぐ」出合いを

　子どもがぐっと引き込まれる教材に出合わせたい。何と言っても「教材そのものの力」が問われるが，その教材と子どもを出合わせる方法も実にデリケートな部分であり，教師の勝負どころである。

　同じ教材であっても，子どもが「あっ！」と驚くインパクトのある提示や，「やってみたい」という思いを高めるような提示を開始ぎりぎりまで考えるとよい。何より，その後の授業を大きく左右する「第一印象」なのだから。

①子どもの「わくわく感」を高める教材提示

　教材提示の工夫として，教材を袋や箱に入れたり，ゲーム的な活動にしたり，不思議な計算や面白い図を紹介したりということが思い浮かぶ。いずれも，前述の問いを引き出す要素と関連している。

　しかし，教材を工夫して提示することも大切であるが，それ以上に次のような指導法・指導観をもつことを強く主張したい。

②子どもを信じ，ほめる部分を残す教材提示

　4年生「立体」において「立方体の面の位置関係」についての授業導入を次のように行った。

〈ⅰ〉授業のタイトル「面に色をぬろう」を板書。
〈ⅱ〉1つの面だけに色をぬった立方体の展開図を黙って提示。

C：分かった。ここをぬるんでしょ？
T：そう。よく分かったね。
C：向かい合う面にぬればいいんだ。
C：平行な面に色をぬるんだよ。
C：先生，3色でぬればいいよ。

　立て続けに，子どもの素晴らしい発言がつながっていく。教師は「平行な面」，「3色でぬる」と板書して子どもの発言を価値づけた。子どもには，本時の活動の方向が見えている。

　美穂はすでに他の展開図で試そうとしていた。美穂の姿を紹介すると，前時で作った，「11種類の展開図で確かめたい」という問いが学級全体に広がってきた。

　教師は「いいねえ」「すごい！」「何で分かったの？」「ありがとう」「先生が言おうとしていたことみんな言われちゃったなあ」と笑顔で子どもの学びをつないでいく。

　今，「どの子どももつまずかずに」「時間をかけずに」を優先した結果，シーンと静まりかえった教室の授業が多い。多少時間がかかったとしても，教材とのよりよい出合いをした子どもは生き生きと算数に主体的にかかわっていくと思うのである。

おわりに〜何より大切なことは

　授業参観や研究授業などで，一番緊張するのはこの導入。出勤初日。ピッチャーの第1球。第1ラウンドのゴング……。どんな場面も同じ事が言えよう。ここで硬くならず，どんなに多くの参観者に囲まれていても，笑顔で子どもと向き合い，温かくリラックスした雰囲気をつくり出すことが，導入時で何より大切であると感じている。

導入のアイディア

1 「教材」と「提示の仕方」に『数える』要素を盛り込むことで，子どもの問いを引き出す

第4学年 「変わり方」

◆導入のアイディア

(1) いくつあるんだろう？〜数えたい！

「いくつあるのかな？」というタイトルは「大きな数」の学習でよく用いてきた。

大量の物や描かれたものを提示することで，「うわー，たくさんあるなあ。いくつあるんだろう？」という問いを引き出すのである。

しかし，『数える』要素を授業に盛り込むということは，必ずしもたくさんのものを準備し，提示するということではない。

数はそれほど多くなくても「子どもが数えてみたくなる魅力」をもつものが教材としてふさわしいのである。

その魅力とは，例えば「美しい並びになっているもの」「規則性のある並びになっているもの」などがあげられる。

(2) 数えてみたくなる教材を

6学年の学習で，和算の1つである「俵杉算」を教材に授業を行った。

「2つの俵の間に1つの俵を積み上げていく」という状況を確認した後，1段目となる俵を8つ描く。

次に2段目となる7つを描いていたときである。予想していた以上に早い段階で「平行四辺形が見えた！」という声。その言葉に「本当だ！」「え，どこに？」と全員の顔が上がる。

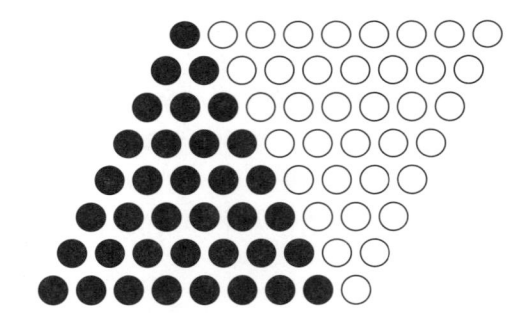

「はじめは三角形で，たし算から徐々に見せていこう…」という教師側の計画もあったが，目の前の子どもたちは，「数えたい」から膨らんだ強い問いで動き始めている。

実際にノートに図を描き数を数えたり，近くの友だちと気づいたことを夢中で伝えたりする子どもたち。ここまで来ると子どもの「見えた！」という勢いを止めることはない。

朱夏が逆三角形に俵を描き，勇が「式で言えます！」と手を挙げる。

導入のアイディア① 「教材」と「提示の仕方」に『数える』要素を盛り込むことで，子どもの問いを引き出す

(3) 数えたくなるような教材提示

導入では，子どもの「早く数えたい！」という問いを引き出すため，提示してから頃合いを見計らって「かくす」ことで，「もっと見たい！」という思いを高めていくとよい。

その際の教師は，楽しくやりとりしながらも，「数をまとまりで見ている子ども」の姿を見取ることに集中する。

2年生「かけ算」の学習でも「いくつあるのかな？」の授業を行った。

T：先生が持っているこのボードに●はいくつあるでしょう？
　じゃあ，いくよ。はい！（すぐにかくす）
C：それじゃ分からないよ！　もう少し見せて！
T：いいよ。じゃあもう少しだけだよ。
　（今度はもう少し長く見せる。傾けたり回したりして提示しても面白い）

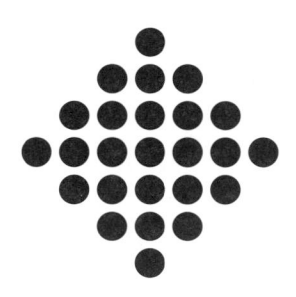

C：分かった，25個だ！
T：え，本当？　どうして？
C：だってさ，ここにね「9のまとまり」があって…
T：素晴らしい！（板書して価値づける）
C：あっ分かった。もう1つ9があるよ。
C：式が作れるね。9×2＝18
C：そのあと18＋7をすれば25だね。
C：先生，他のまとまりもあるよ。
T：すごい！　他のまとまりも見えたの？

◆授業構想「4年　変わり方」

このような教材と教材提示の工夫を取り入れた授業を「4年　変わり方」の単元で行ってみた。

本時は，三角形の数を数える活動を通して，その並び方に規則性を見いだし，帰納的・演繹的に考え，よりよい数え方に迫っていくことをねらった授業である。

タイトル「△はいくつあるかな？」と板書。子どもたちとのやりとりを楽しみながら△が2段になっている図を提示する。答えは4つ。

続いて3段になっている図を提示し，素早くかくす。

「えー！」「もっと見せてよ！」子どもたちがざわざわするが，そんな中，指を動かしたり，ノートに何か描いている子どもの姿が見られる。教師はそこで描いた図を黒板に描くよううながす。

代表の子どもの作図から3段構造になっていることと，3段目には何個の△があるのかを確認していく。徐々に1段増えるごとに△の数が規則的に変化することに気づく場面である。

「何かきまりがありそうだ」「（速く数える方法を）見つけたい」という問いが高まってくる。

ここまでが，本時における導入7分である。

101

◆その後の展開

最後に△が6段の図を提示。

驚く子どもたち。次第にさまざまな数え方が子どもたちから発表される。

- 1段ごとに2ずつ増えているから
  $1+3+5+7+9+11=36$
- 9このまとまりが4つあるから36

話し合いでは、「いつでも成り立つのか」「その数え方は簡単か」を視点に考え方を深めていく。

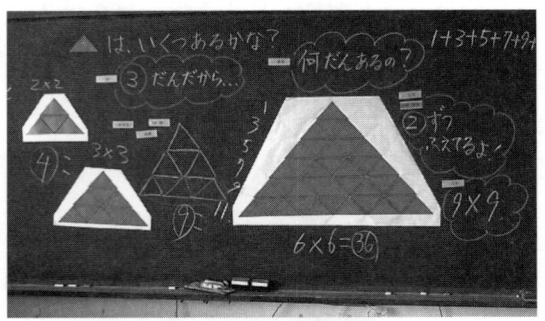

「早く数える決まりが見えたよ！」

ここで段数が増えるにつれて合計が「1，4，9，…36」と平方数になっていることに浩一が気づいた。

教師が「もし10段だったら」とたずねると瞬時に100個と答える浩一。

「浩一の見つけたきまりを知りたい」という強い思いが学級全体に広がっていった。

◆『数える』授業では

本時の実践例や前述した「かけ算」「俵杉算」の授業例のように、『数える』要素を盛り込んだ授業では、導入時に生まれた「（いくつあるのかな）数えてみたい」という問いを、「（友だちより早く）数えたい！」「早く数える方法が知りたい！」「（きまりが見えた）伝えたい!!」というより強い問いにつながるまでを考えて構想・展開したい。そのためにも教師はまず、「この世界に出合わせて、子どもたちを楽しませたい」という思いをもつことが何より大切であると考える。

◆教科書を見てみよう！

教科書では次のような場面に出合わせ、「変わり方」の単元を導入している。

長さ18cmのひもをジオボードにかけてできる長方形のたての長さと横の長さの関係を調べる活動である。

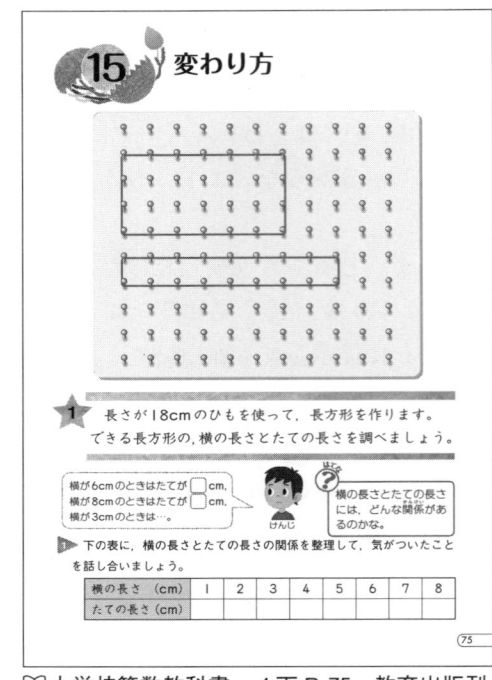

小学校算数教科書　4下 P.75　教育出版刊

子どもたちは、表に表すと見えてくる「たてと横の数の和が常に9という一定の数になっている」ことや、グラフにすると右下がりの直線という一次関数の形状に面白さを感じることであろう。

また、この導入教材では、キャラクターの吹き出しや表、グラフに着目させていくポイントや今後の学びの進め方が示されている。

単元導入の学習をもとに、今後も子ども自ら学びを深め広げていくための配慮がなされているのである。

◆だったら,私は……。

　基礎となる情報である「長さが18cmのひもをジオボードにかけて長方形を作ります」のみを知らせ,子どもたちが「先生,こういうこと?」と自ら長方形を作ろうとする姿を待つ。いわゆる条件不足の問題場面に出合わせることで,自ら働きかける子どもの気づきをもとに授業を導入していくのである。必要な情報を順序よく提示して丁寧に進めるより,少しずつでも子どもたちの気づきや考えを認めながら進める方が,子どもの学びに勢いがつくことが多いのである。

　子どもが作った長方形を「どんな長方形か?」と問えば,「たてが長さが○cmで,横が△cmです」と答えるだろう。教師は筋道たてて長方形の辺の長さを説明する子どもを称賛しながら表を作っていくのである。

　また,それらの長さを直接黒板ではなく用意していたカードに書き入れて貼ることで,子どもが並べ替え,表にしていくことを期待する。

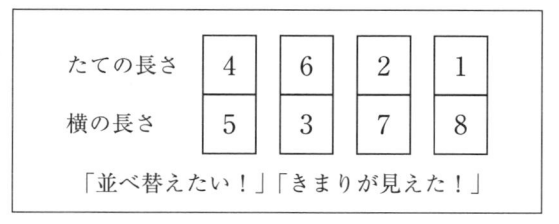

たての長さ	4	6	2	1
横の長さ	5	3	7	8

「並べ替えたい!」「きまりが見えた!」

　子どもの「(他にもあるよ)説明したい!」という問いが「並べ替えたい!」「(きまりが見えた)伝えたい!!」という問いにつながっていく。

◆変わり方の指導のポイント

　本単元で求められることは「ともなって変わる2つの数量の様相をイメージしたり,きまりを見いだしたりする力を育む」ことである。そして同時に必要になってくるのが,図や表,グラフ,式で表したり,これらを関連づけたりする力である。

　本実践例(△はいくつあるかな?)にかかわる問題は,教科書では次のように扱われている。

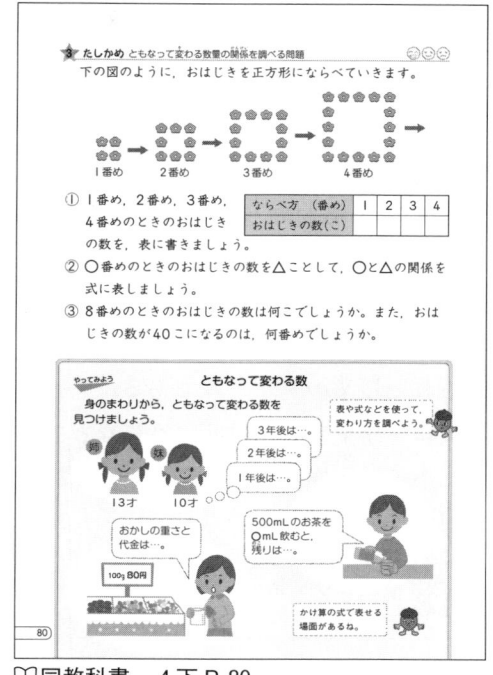

🔖 同教科書　4下 P.80

　おはじきを正方形に並べ,その総数が規則的に増えていくという面白い問題であるが,①~③の問題文に書かれている言葉を,授業の中で子どもから引き出せるようにすることが大切である。すなわち,ノートに図を描いたり,表にまとめたり,式に表そうとする子どもを育んでいく授業が求められるのである。

　そのためにも,かくしたり,一部だけを提示したり,バラバラに配置したりするなど積極的に手立てを講じ,子どもが自ら働きかける姿を期待していく。子どもの発言や活動する姿にこそ,「主体的に学ぶ態度」「思考力」「表現力」が表れているのであり,それらを教師が見取り,価値づけることで,授業で求める態度や力が学級全体に広がっていくのだから。

導入のアイディア

2 「教材」と「提示の仕方」に『比べる』要素を盛り込むことで，子どもの問いを引き出す

第5学年 「整数の性質」

◆導入のアイディア

(1) 「比べる」教材から生まれる多くの問い

「どちらが大きい？」「小さいあまりの方が勝ち」「大きい積をつくろう」

いずれも，『比べる』という要素を教材に取り入れた授業のタイトルである。

授業にタイトルをつけるようになって数年たったある時，同じようなタイトルを書いている自分に気づいた。

例えば「どちらが大きい？」は，「分数の大小比較」でも，

　　どちらが大きいでしょう。
　　　$\frac{3}{4} > \frac{4}{5}$ ？ $\frac{3}{4} < \frac{4}{5}$

「体積の導入」問題でも，

同教科書　5上 P.47

「三角形の面積の求め方」などでも，

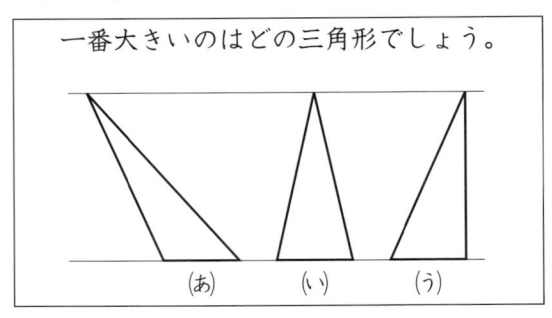

　　一番大きいのはどの三角形でしょう。
　　　　　(あ)　(い)　(う)

同様の授業タイトルだったのである。

このことをきっかけに私は，子どもが意欲的に活動に取り組んだ授業と，そのタイトルを分類・整理してみた。そこに，子どもが生き生きと学ぶ原動力，すなわち「問い」を生み出す何かが見えてくると考えたからである。その1つとして浮かび上がった『比べる』という要素は，子どもの「（どちらが大きいんだろう）確かめたい」「（こっちが多いと思うんだけど）はっきりさせたい」という問いを生み出す。そして，授業開始時は弱かった問いが，やがて「比べるための方法を考えたい！」「大きくするきまりが見えた。伝えたい！！」という強い問いを引き出すことにつながると考えるのである。

(2) 提示の工夫で活動を活性化

また，教材を提示する際にも「数カード」を使ったり，「学級を2つに分け対抗戦形式」で活動したりすることによって，さらに問いを高めることが可能になる。

例えば，3年生のかけ算の学習を以下のようなルールで教材提示する。

> ● 0～9の数カードを4枚ずつひいて2桁×2桁のかけ算をつくる。
> ● 積が大きい方が勝ち。

子どもたちに「積を大きくして勝ちたい」という問いが生まれるであろう。

$\begin{array}{r}73\\\times 95\end{array}$ よりも $\begin{array}{r}75\\\times 93\end{array}$ の積の方が大きい！！

その後の活動の中で，教師が「どんな数だったらいい？」とたずねたり，「もし7だったら…」という子どもの言葉を価値づけることによって「積を大きくする並べ方を知りたい！」「きまりが見えた。伝えたい！！」という強い問いにつながっていくのである。

◆授業構想　5学年「整数の性質」

(1) 子どもの実態とねらい

5年生の中には，数の約数を早く，もれなく数え上げることに自信をもてない子どもも少なくない。したがって，本単元での学習を機会に継続的・習慣的に数の構成に関する感覚を育んでいく必要がある。

本時では，「約数が多い数を比べたり探したりする活動を通して，約数への関心を高め，もれなく約数を見つける方法をとらえる」ことをねらい，次のような授業を構想した。

> ● 裏返しになっている数カード（0～9が2組）を交互に引き2桁の数を作る。
> ● できた2桁の数の約数が多くなった方が勝ち。
> 〈学級を2つに分け対抗戦形式で行う〉

(2) 約数が多い方が勝ち

【ここからは実際に5年生の学級で行った授業をもとに述べていく】

授業タイトルを板書して，ルール説明。学級を2つのチームに分けて，いよいよゲーム開始である。代表で前に出てきた健人と卓巳がカードをめくり，2桁の数を作る。

1回戦は「57」と「44」

「57」の約数は（1，3，19，57）の4つ。「44」の約数は（1，2，4，11，22，44）の6つで44を引いた偶数チームの勝ちとなった。

1回戦の位置づけは活動しながらルールを確認し，共に約数をもれなく確認していくことが大きな目的であるが，もうすでに「どういう数が，約数が多くなりそうか（考えたい）」という問いを持ち始めた子どもも見られる。

そこで2回戦は，

> 1つの数だけを自由に選んでよい

こととした。偶然性の世界から，徐々に数理の世界に導いていくのである。すると，子どもたちは勢いよく同じチームの友だちと話し合い始めた。自分なりの見通しを伝えたい，という思いの表れである。

ここまでが私の考える導入7分である。

◆その後の展開

(1) あっ，半分だ！

代表で出てきたのは朱夏と浩一。自由に選べる1つの数を，二人はどちらも「8」を選んだ。そして両者共に一の位に「8」を置く。

「大きい数の方が約数が多いんじゃないかな」「偶数の方が約数が多くなるんじゃないかな」という子どもたちの見通しが聞こえてくる。

2枚目のカードが引かれた。奇数チームは「68」で偶数チームは「98」。偶数チームの子

どもたちは大喜び。何しろ「98」は「2桁の数で最も大きな偶数」なのだから。しかし，結果は…。

68の約数が，（1，2，4，17，34，68）の6つ。

98の約数が，（1，2，7，14，49，…その時である。子どもたちから

「あー半分だ…」

という言葉が聞こえてきた。

子どもたちにとって約数をもれなく，しかも速く見つけるのはまだ簡単ではない。しかし，この「あー半分だ…（あと1つしかない）」という言葉から，約数がどのように表れるか，というポイントの1つをつかんでいることが分かる。教師は49と34を赤チョークで囲み「半分だから，残りの約数はあと1つ」と板書して価値づけた。

さて，2回戦の結果は意外や意外。どちらも約数6つで引き分けとなった。子どもたちに「数の大きさではない」という気づきと，「一番約数が多い数は何だろう」という思いが生まれてきた。

(2) 一番多いの見つけた！ そして……

3回戦は，いよいよ「自由に数を選んでもよい」というルールを提示しようとするが，すでに子どもたちは「2桁の数で最も約数が多い数は何か」を見つけていくことに動き出している。その活動の原動力となっているのが

「約数が最も多い数は何か？ 見つけたい！」という問いである。

紗季が，「96」の約数がとても多いことに気づいた。圭吾も「60」の約数が多いことに気づき発表する。

96の約数を学級全体で挙げていく。

（1，2，3，4，6，8，12，16，24，32，48，96）

ここで教師が「これで全部？」と揺さぶりをかけた。

「うーん。多分…」

約数の数が多くなったため，全部かどうか自信がない子どもたち。

陸郎が「ペアを作るといいよ」，と言って次のような線を引く。ほかの子どもたちも，陸郎の線にならいペアを作っていった。

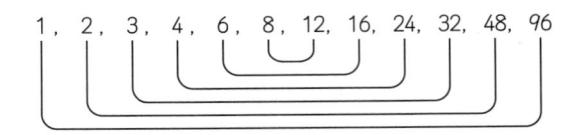

1，2，3，4，6，8，12，16，24，32，48，96

授業終盤「あれ，これしかない？」という声が聞こえた。「97」は大きな数であるにもかかわらず，約数が1と97しかないことに驚いている。次回の授業ではその驚きをもとに「素数」を学習していく。

◆教科書を見てみよう！

教科書では以下のような方法で約数を導入している。日常生活の中で約数の考え方が生かされることを想定しての問題場面である。

📖 同教科書　5上 P.69

本書で約数の個数についてふれているのは，「1」と「その数」しか約数のない素数を学習する時である。

■導入のアイディア② 「教材」と「提示の仕方」に『比べる』要素を盛り込むことで、子どもの問いを引き出す

特殊な数の性質を知り、子どもたちは興味を示すであろう。単元の終末では、「エラトステネスのふるい」という素数の見つけ方を紹介し、子どもたちの数への関心をさらに広げている。

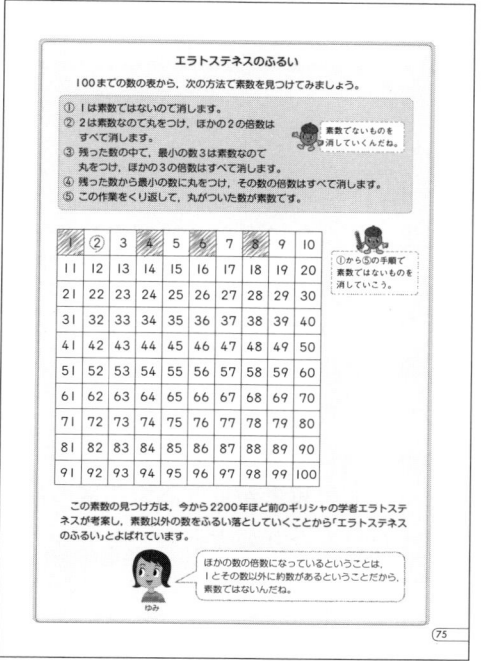

📖 同教科書　5上 P.75

◆だったら、私は……。

算数に興味をもたせるための、せっかくの素材である。授業に意外性をもたせるため、あらかじめ子どもに、

> 100までの整数の中で、素数はいくつあるだろう？

とたずね、予想させてから素数を見つける活動に入らせたい。

前述の「約数が大きい方が勝ち」という授業がなければ、

> 100までの整数の中で一番大きい素数は何だろう？

とたずねても面白い。

数に対して新しいとらえ方が増えていく本単元では、子どもが気づいたことや意外に思ったことを学習感想として記録させていくことも大切にしたい。

◆整数の性質の指導のポイント

本単元では、子どもの「整数の見方」を豊かにしていく。すなわち数を多面的にとらえる力や感覚を育んでいくことが大切である。

そのためにも数を仲間分けする活動を積極的に取り入れたい。

例えば「8」という整数は①偶数②1・2・4・8の倍数③2を3回かけた数④約数が3つ⑤立方体を8つ組み合わせると立方体になる…というようにである。

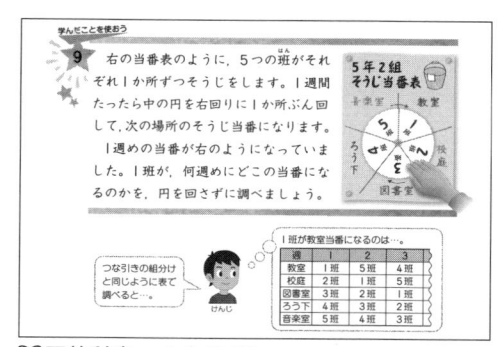

📖 同教科書　5上 P.74

また、教科書「学んだことを使おう」に掲載されている「わり算のあまりで仲間分けする」という方法も新しい数の見方として是非ふれさせたいところである。

学級をグループ分けする際に、「自分の出席番号を4でわって、あまりが1のグループ、2のグループ、3のグループ、わりきれるグループを作りましょう」と実際に活用させていくとさらに確かな理解につながることであろう。

107

導入のアイディア

3 「教材」と「提示の仕方」に『当てる』要素を盛り込むことで、子どもの問いを引き出す

第5学年 「角柱と円柱」

◆導入のアイディア

(1) かくされているものを『当てる』

同じ言葉であっても、図や式であっても、物や仕組みであっても、ストレートに提示するだけでは子どもは生き生きと動かない。

子どもが目を丸くして驚くような教材や、不思議でたまらなくなる教材を毎時間用意するのは難しいが、比較的簡単な準備でも子どもの興味・関心を高める力をもつのが「かくす」という工夫である。

タイトルに○○（空白）を入れたり、問題文に□を入れて提示するだけで、子どもの「（何だろう）知りたい」「（どのくらいかな）当ててみたい」という問いを生むことにつながることが多い。

2学年「水のりょう」を例に導入の工夫を紹介したい。

前時でAの花びんとBの花びんの2つを提示することで任意単位での比較、間接比較、直接比較をしてきた子どもたち。本時では、新たにCの花びんを用意していることを伝える。（この時点で、Cの花びんは教室の外にかくしておく。）

そこで教師は子どもたちに次のことを知らせるのである。

　　Cの花びんにはカップ「235はい」も
　　水が入るんだよ

それを聞いた子どもたちの反応がとても可愛らしい。

C：えー、すごい花びんだ！
C：先生、そんなに大きい花びん持ってこれるの？

そんな子どもたちに、Cの花びんを教室に入れて見せる。

C：あれ？　普通の大きさだ…
C：あっ、もしかして…

子どもたちの思考が量と測定領域の最も大切な「1単位あたりの大きさ」ということに迫っていく。

📖 同教科書　2上 P.81

教科書では、2人の子どもが「電話を使って話している」ことで互いの水筒とコップの大きさについての認識のずれを作っている。そのことが子どもに「1単位あたりの大きさ

(2) 量がどのくらいなのかを『当てる』

また，見当をつけるという意味での『当てる』も面白い。

教科書にもあるように，身近なものの「長さ」「かさ」「重さ」などを計測することで量感を育む活動がある。

◻同教科書　3上 P.106

その際，一人ひとりに予想させ，「誰の予想が最も近いか」という『当てる』要素を盛り込むことで，子どもの意欲は俄然高まる。

例えば第3学年「重さ」の学習において，「1 kgに近い方が勝ち」という授業を行った。教師が提示した品物（5 dLの水，5 dLの砂，黒板消し，ウェットティッシュ，算数ノート，マーカーセット）のうちからいくつかを選び，合計が1 kgに一番近いグループが勝ち，という活動にするのである。

「T君の大きなけしゴムの重さは104 gだったよ」「今日の給食の野菜は45 gなんだって」「ということは1円玉45枚分だね」「千円札も1 gだったよ」「鉛筆けずりは200 g」というように，これまで量ってきた身近な物の重さを手がかりに，「どのくらいで1 kgになりそうか」を予想していく。

その後は，自由に身近なものを組み合わせたり，台はかりに乗せたものを取り替えたりして1 kgに近づける活動を行うが，やがて5 dLの水が500 gであるという特殊性にも気づいていくことにもなる。

5学年の「角柱と円柱」を例に，『当てる』要素を取り入れた授業の工夫を2つの実践をもとに述べていく。

◆単元の導入に『当てる』要素を

(1) 教科書を見てみよう

教科書では以下のように本単元を導入している。

◻同教科書　5下 P.95

身の回りの箱をもとに，角柱と円柱の2つの仲間分けをすることで，底面や側面をはじめとした構成要素の共通点と，相違点を明らかにしていくのである。

(2) だったら，私は……。

授業タイトル「どんな形かな？」と板書。段ボールのハテナボックスを提示し，この中に「ある立体」が入っていることを知らせる。導入では，数人の子どもに（手触りで分かったことを）手がかりとして伝え，その手がかりをもとに，中の立体の形を当てるという活動を行う。ここで，代表の子どもに自由に伝えさせても面白いが，より質の高い問いを引き出すために，教師が代表の子どもにインタビューする形式で導入する。

T：代表の人に，この中の立体についてインタビューします。
C：（面の数は？）5つです。
C：（面の形は？）三角形と四角形です。
C：あっ，分かった！
T：えっ，もう分かったの？
勇：うーん，どっちなのかな？
T：すごい。勇くんには2つ見えてるんだね。

この2つの条件では，2種類の立体が見えてくる。1つしかイメージできなかった子どもに，「（もう1つは何だろう）知りたい」という強い問いが生まれ，ノートに図を描いたり，友だちと相談したりする姿が広がる。

ここまでが本時での導入7分である。

(3) その後の展開

ここでは，自ら図形に働きかけ，質問を積極的にする子どもの姿を価値づけていく。あと1つの手がかりで，立体の正体は特定されてくるが，一人ひとり子どもが考えたそれぞれの質問を取り上げ板書し，多様な構成要素の見方を確認していく。特に，平行や合同といった構成要素の位置関係や，大小関係に着目している質問を称賛することで，次の，より強い問いへとつなげていく。

T：みんなから質問はありますか？
C：頂点の数はいくつですか？
C：辺の数はいくつですか？
C：合同な面は何組ありますか？
C：平行な辺は何組ありますか？
T：どれもいい質問ですね。では，その1つに答えますね。辺の数は9本です。
C：やっぱりそうか。三角柱だ。
T：でもね，辺の数が8本で考えた人もすごいんですよ。それぞれどんな立体になるか見取図を描いてみましょう。

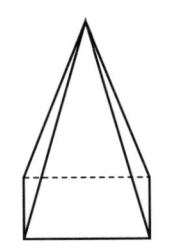

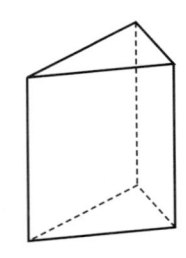

ここではあえて錐体にもふれさせたい。

柱体の特徴の1つに，「底面が2つあって平行」がある。しかし，その特徴を子どもは進んで発表しようとしない。それはなぜか。「見れば分かる」からである。見て分かることには子どもはときめかない。見えない世界を考えて話し合うためにも，ここで四角錐に出合わせることはとても有意義であると考える。

◆構成要素の確かめに『当てる』要素を
(1) 教科書を見てみよう

教科書では三角柱から順に四角柱，五角柱，六角柱の見取図と，構成要素をまとめる表を提示している。図と表が対応しており，空間的な位置関係がとらえやすい図になっているため，構成要素についてのきまりと，その理由が子どもにも見えやすくなっている。

しかし，ここでも子どもたちに，「調べてみたい」「数えてみたい」という問いを持たせたい。黙々と立体を調べる姿も悪くないが，

導入のアイディア③ 「教材」と「提示の仕方」に『当てる』要素を盛り込むことで，子どもの問いを引き出す

友だちと，気づきや考え方を活発に交流しながら，構成要素のきまりを見つけていくような学びにしたいのである。

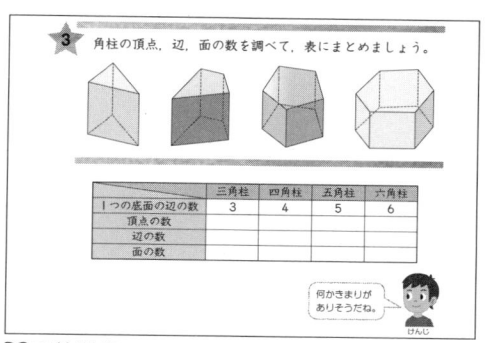

📖 同教科書 5下 P.98

(2) だったら，私は……。

前回同様，箱の中にかくされた角柱の形を『当てる』学習活動にする。

「何角柱かな？」と本時のタイトルを板書。

「何もないところでは分からない」という子どもたちに，角柱にある構成要素の数を1つだけ提示する。

> その数とは「6」です

あえてどの構成要素の数なのかを示さないのがポイント。条件不足の場面に出合わせることで，子どもが自ら働きかけるのを待つ。ここで陽香が手を挙げる。

陽香：もし，頂点が6だったら…。

T：素晴らしい！

教師は陽香を称賛し，続きを他の子どもにたずねる。

C：もし，6が頂点の数のことだったら三角柱だよ。

新が黒板に見取図を描いて説明する。点線をひいて6つの頂点を示す。

ここまでが，本時での導入7分である。

(3) その後の展開

教師が，黒板に新のネームプレートを貼って振り返ると，先ほど以上に力のこもった挙手が増えている。

「もし面の数が6だったら四角柱！」と真美が続いた。

そして授業後半。教師はさらにもう1つの立体を箱に入れて，次の発問をする。

「この角柱の辺の数は24本です」

角柱	三角柱	四角柱	五角柱	……	八角柱
辺の数	9	12	15	……	24

数の大きさにとまどうが，黒板の数表からきまりを見いだし，計算で求めようとする子どもが出てくる。見えなかったことが見えてきたことで，子どもにより強い問いが生まれているのである。

◆角柱と円柱の指導のポイント

由芽は，手を動かして目の前に立体があるかのようにイメージしながら考える子どもである。だから，柱体の展開図を描く活動では，いち早く底面の周りの長さと，側面の横の長さの関係に気づくことができた。

由芽の姿に表れているように本単元では，子どもに空間的なイメージを育むことが指導上のポイントになる。

そのためにも，角柱や円柱を自由に作らせ，失敗経験を積ませる活動を取り入れたい。工作用紙は無駄になるかもしれないが，「どうしてうまくいかなかったのか」に気づかせることが何より大切であると思うのである。

導入のアイディア

4 「教材」と「提示の仕方」に『仲間を見つける』要素を盛り込むことで、子どもの問いを引き出す
第3学年 「あまりのあるわり算」

◆導入のアイディア
(1) 何の仲間かな？～きまりを見つけたい！

ある	ない
レモン	オレンジ
空	海
ファイト	ガッツ

いわゆる「ある・なしクイズ」である。多くの子どもが「共通点は何だろう？」「見つけたい！」という思いをもつことであろう。

ちなみにこの「ある」の共通点は…。

もう1つ例を挙げてみよう。「ドーナツ」はあっても「クッキー」はない。

もうおわかりだろうか。そう、「ドレミの歌」に出てくる言葉である。

クイズの好きな浩助が、学級のみんなに出してくれた問題である。

「あと1つヒントちょうだい！」「待って、まだ答え言わないでよ！」と生き生きと考える子どもたちの様子を見て、このクイズの中にある「わくわく感」を授業に生かせないかと考えたのである。

(2) 仲間分けで「見えてくる」楽しさを
これまで実践した「仲間を見つける」要素を取り入れた授業を紹介したい。

① 白丸 緑丸 黄丸 のなぞ？
〈第3学年 「3けたのたし算」〉

3けたのたし算の習熟を図る授業。一人で最後まで黒板で発表してくれた沙也加の計算を、白チョークで大きく丸をつける。発表にも自信がつき、喜ぶ子どもたち。

しかし、正樹が777＋312の計算の仕方を発表し終えると、教師は正樹の計算に緑チョークで丸をつけた。

子どもたちに「どうして緑なの？」という疑問が浮かぶ。

「わかった、和が4けただからだ！」

確かにそれも言えるが今回の緑の意味は和の桁数ではない。繰り上がりに着目した竜馬が

「先生、答えが3けたの場合もあるでしょ。」

と発言する。

「うんうん、例えば624＋237とか。」

と由美がつなげる。白丸と緑丸の違いが徐々に見え始めた。

続いて654＋407。黒板で発表した子どもの計算を、今度は黄色チョークで囲む。

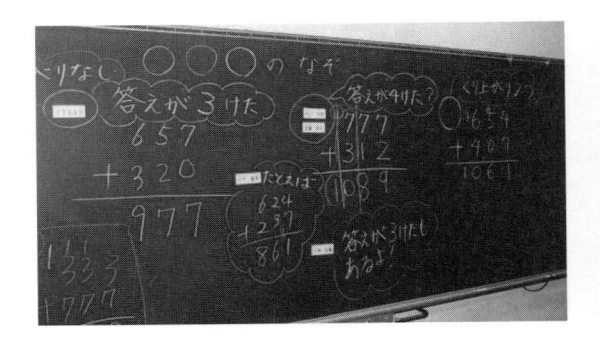

「やっぱり!」
「今度は繰り上がりが2つだからね。」
「繰り上がり3つってあるのかな?」
子どもたちの問いが連続していく。

② 何のなかまかな?
〈第4学年 「垂直,平行と四角形」〉

まず本時のタイトル「何のなかまかな?」と板書。黒板の中央に一本線を引き,右に三角形,左に正方形を貼る。

次に袋から長方形を取り出し,左右どちらの仲間かたずねた。

「左だよ。だって四角形だもん。」

基礎的なことであるが,理由を明らかにして発言する子どもをほめる。

ここから子どもを揺さぶり始める。一般的な四角形を右側に貼ることで,「三角形と四角形という分け方であろう」という子どもの予想をくつがえす。

既習を生かし,辺や角の数だけでなく構成要素の大きさに着目していく子どもたち。徐々に左側の図形には「同じ長さの辺がある」ことと「直角がある」ことに気づいていく。教師はそれらの気づきを板書して価値づけていく。

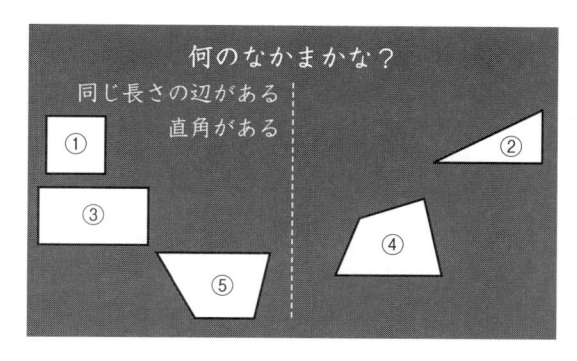

ここでいよいよ第5番目の図形(直角がなく等脚でない台形)を左側に貼る。

「えー!」「どうしてー?!」新たな仲間分けに驚く子どもたち。

「どうして正方形・長方形と同じ仲間なのかな?」(考えたい!)という問いをもち,本時のねらいである「平行」という辺の位置関係という新たな見方に迫っていく。

このように事例①では,単調になりがちな計算の習熟において,繰り上がりの数に着目させることで,事例②では,構成要素に着目させることで子どもの「(何だろう)考えたい」という問いを引き出している。いずれの授業にも言えることは,「(共通点が)見えてくる!」という面白さである。

拙稿の序論で述べたように,子どもが授業で最も燃える時は「見えなかったもの(こと)が見えてきた時」であると思う。したがって,その一番の面白さと直結しているこの要素を授業に盛り込まない手はない。

◆授業構想「3年 あまりのあるわり算」
(1) 教科書を見てみよう

3学年の「あまりのあるわり算」の学習に「仲間を見つける」要素を盛り込んで,授業を構想してみたい。

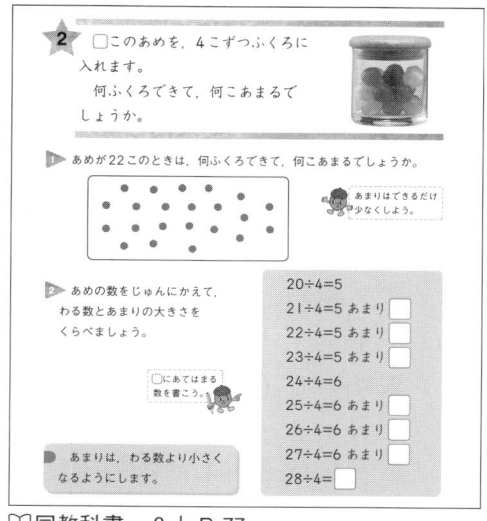

□同教科書 3上 P.77

本時は単元の2時目。「わり算のあまりは，わる数より大きくならない」という「あまりと除数の関係をとらえさせていく」ことをねらいとする時間である。

　教科書では，前述のような問題場面に出合わせている。

　「□このあめ」という提示をすることで，子どもが自ら□に入る数を順に変え，あまりの大きさのきまりに気づかせていくことを期待した導入の工夫である。

(2)　だったら，私は……。

　私はこの問題場面で次のような教材の工夫と提示の工夫をすることで，子どもの「共通点を見つけたい！」という問いを引き出すことにした。

---

① わり算の式をカードにして，順番を工夫して提示する。
② 黒板に縦線を引き区切ることで，それぞれの式の共通点を考えさせる。

　カードにしたことも，縦線を1本しか引かないことも，子どもが「動かしてみたい」「描いてみたい」と自ら働きかけることを信じての提示方法となっている。

　以下，実践した授業をもとに述べていく。

　まず，本時のタイトル「わり算のしきを…」と板書。

　教科書の問題場面に出合わせた後，黒板に縦線を1本引く。

　ここから，式のカードを提示。

　1枚目「16÷4」は縦線の左に，2枚目「21÷4」を縦線の右に貼る。

　前時で学習した「わりきれる」「わりきれない」ということを想起している子どもたちからは，3枚目「12÷4」を提示すると「左！左！」と声が上がる。

　続いて4枚目「18÷4」を提示。子どもたちからは「われないから右だよ！」という言葉が聞こえてくる。

　教師はその声にうなずきながらも「21÷4」の下ではなく，その右隣に式のカードを貼る。（一度「21÷4」の下に置いてから貼り直す演出があってもよい）

わり算のしきを……

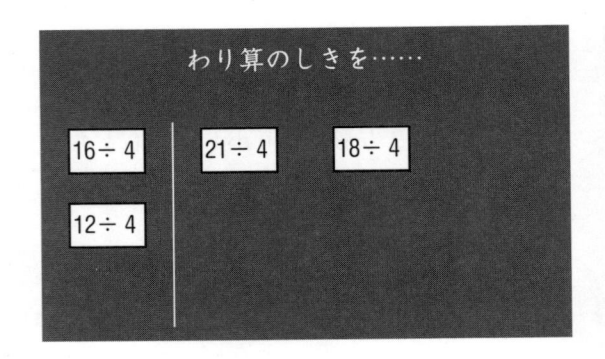

| 16÷4 | 21÷4 | 18÷4 |
| 12÷4 | | |

　子どもたちに，「え！　下じゃないの？」という疑問が浮かび「どうしてなのか知りたい！」という問いが生まれる。

　ここまでが，本時における導入7分である。

◆その後の展開

　続いて「13÷4」と「14÷4」を提示し，代表の子ども2人にカードを貼ってもらう。

　わりきれないので，線の右に貼ろうとするが，「21÷4」の下か「18÷4」の下か，またはその右隣なのか迷っている。

　教師が，みんなに聞いてみるよう促すと，勇人が「先生，21÷4と18÷4は仲間なの？」と質問してきた。

　その質問を称賛し，2つの式の間にもう一本の縦線を引く。

　「あっ分かってきた！」「計算すると…。」

　計算すればよいと言った優香に，どういうことか説明してもらう。

優香：13を3でわると3あまり1でしょ？
T：そこでストップ！　さすが優香さんだね。

■導入のアイディア④ 「教材」と「提示の仕方」に『仲間を見つける』要素を盛り込むことで，子どもの問いを引き出す

C：そうか，あまりか…。
C：じゃあ14÷4は右なんだよ。

　ここで，怜がしっかりした眼差しで手を挙げる。指名すると，

> もう1つ部屋があるよ！

　怜の発言を板書して全体に広げる。
T：怜くんの言ってることわかる？
C：うん，わかるよ。
C：あまりが3の部屋だ。
由美：先生，「15÷4」あるでしょ？

　由美は式カードを受け取ると，「15÷4」を貼った後，これまで貼られた式カードを並べ替えはじめた。

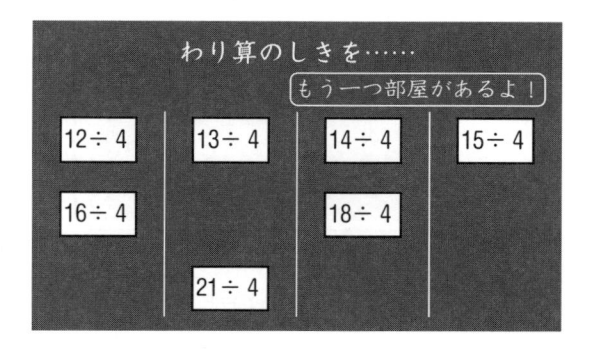

```
わり算のしきを……
　　　　　　　　もう一つ部屋があるよ！
12÷4  13÷4  14÷4  15÷4
16÷4         18÷4
       21÷4
```

C：そう！　それやってみたかったんだよ。
C：先生，他のカードも貼ります！
C：あまりなし（0），あまり1，あまり2，あまり3が順番に出てくるね。

　黒板にすべての式が出そろったところで最後に教師がたずねる。

> いつでもあまりは4種類なんだよね？

C：いや，÷5なら…。
C：わる数が大きくなるとあまりの数も…。

　新たに生まれたさまざまな問いを学習感想に書かせ，本時を終了した。

◆あまりのあるわり算の指導のポイント

　わり算のあまりの学習は，5学年の「小数のわり算」でのあまりの処理に代表されるよう，子どもたちには面倒な印象が強い。授業でも，正確さを求めるがために計算練習に終始してしまうこともあるのではないだろうか。意味や除数との関係はもちろん，「あまりを考える」ことの面白さを味わえるような教師の働きかけも大切にしたい。

　例えば教科書では，カレンダーを素材に「あまりをもとに曜日を特定する」という学習を位置づけている。「この日は何曜日だろうか？」という確認はだれしもが生活の中で経験することで，その度に指を折ったり，カレンダーで確かめたりするであろう。それが計算で求められる面白さがこの教材にはある。

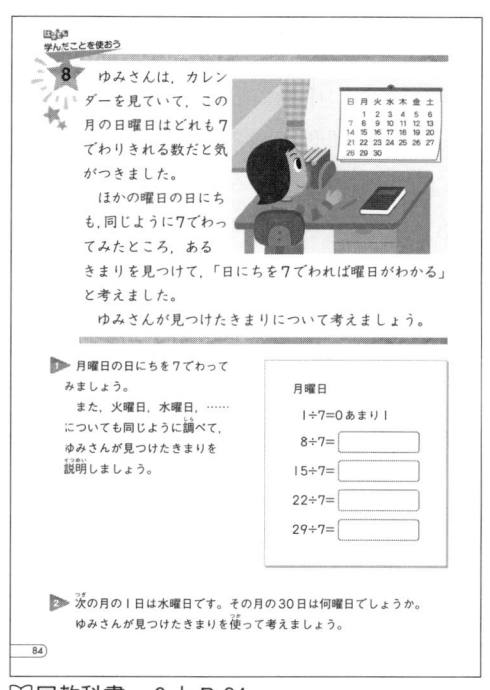

📖 同教科書　3上 P.84

　このような学習を積極的に取り入れることで，除数とあまりの関係への関心を高め，自らわり算を活用するような子どもを育てていきたいと考える。

7 「森 勇介」の導入のつくり方

【私の導入術】

大きな問いと小さな問い

1. 3つの「はらはら，わくわく，どきどき」

授業を組み立てる際，私の中では以下の3つの「はらはら，わくわく，どきどき」する場面を想定する。

> ☆わくわくする課題提示を受けて問いをもつ場面！
> ☆問いをつないで友だちと考えを練り上げる場面！
> ☆ふり返りでお互いの考えに価値づけし合う場面！

授業は前半，中盤，後半のいずれも盛り上がれることが理想である。前半の「問い（ハテナ）」が引き出される場面だけがわくわくしても，解決できないものであったり，練り上げる意味のないことであったりすれば，本時のねらいは達成できない。しかし，前半の力強い「問い（ハテナ）」がなければ，まとめまで練り上げていくエネルギーは決して生まれない。本書は，導入7分を意識して作られているので，3つの中でも

「☆わくわくする課題提示を受けて問いをもつ場面！」を取り上げ，特に価値のある問いの引き出し方について触れていきたい。

2. 課題と問いって何が違うの？

課題と問いは似ているようだが，自分の中では，大きく区別をつけている。

課題……教師が意図をもって提示するもの
問い……子どもから引き出すものであり，

本時のねらいにせまる価値あるハテナや解決したい事柄

3年生，「あまりのあるわり算」の導入を例に挙げて説明する。

初めてあまりの出るわり算に出合った子どもたちの反応を大切にすると…，

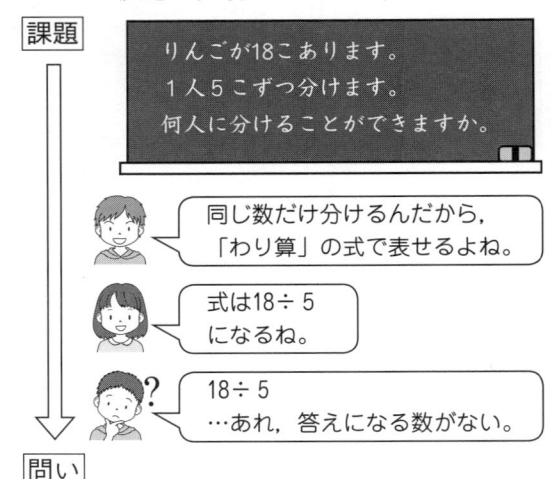

課題
> りんごが18こあります。
> 1人5こずつ分けます。
> 何人に分けることができますか。

> 同じ数だけ分けるんだから，「わり算」の式で表せるよね。

> 式は18÷5になるね。

> 18÷5
> …あれ，答えになる数がない。

問い
> ぴったりわれない場合の
> わり算の計算のしかたを考えよう。

ということになる。このように，教科書課題であっても，きちんと子どもの反応を整理すれば，価値ある問いを引き出すことができるのである。

3. 問いを引き出すテクニック！

価値ある問いを引き出すために，どんな課

題提示をしたらよいのか？ トピック教材なら課題自身が興味を引く内容になっているから，扱いやすい。問題は，日々の授業である。教科書課題でいかに効果的な問いを引き出すか？ 悩んでいる先生も多いかと思うが，難しく考えることはない。キーワードを挙げてみよう。

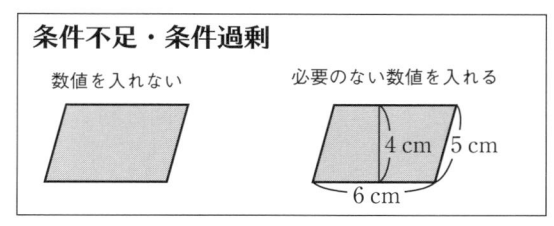

条件不足・条件過剰
数値を入れない / 必要のない数値を入れる（4cm, 5cm, 6cm）

「本当に必要なことは何だろう？」と，一歩立ち止まって考えを深めることができる。

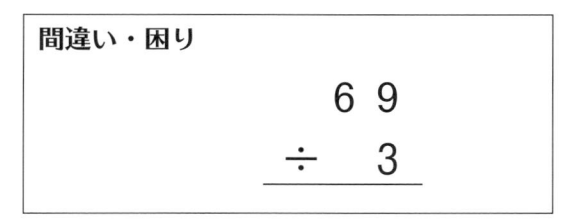

間違い・困り
69 ÷ 3

「どうして正解と違うのだろう？」「もう一度意味を探ってみよう！」というように，深い意味理解につなげることができる。

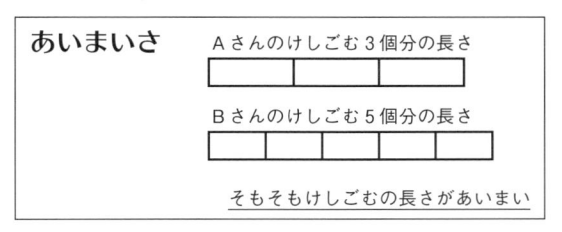

あいまいさ
Aさんのけしごむ3個分の長さ
Bさんのけしごむ5個分の長さ
そもそもけしごむの長さがあいまい

「スッキリさせるにはどうしたらいいの？」という，学習のねらいにせまる問いを引き出すことができる。

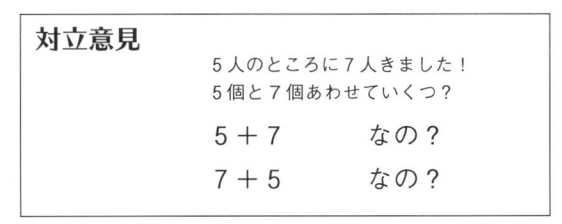

対立意見
5人のところに7人きました！
5個と7個あわせていくつ？
5＋7　なの？
7＋5　なの？

「どちらが正しいの？」「根拠は何？」と相手の考え方との比較や，根拠をもとにした真の意味を探るきっかけになる。

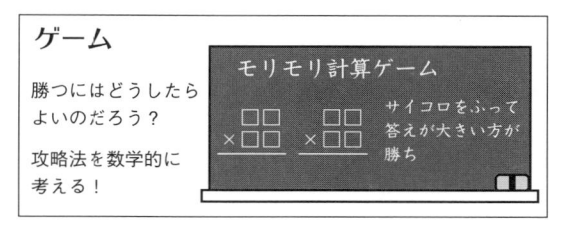

ゲーム
モリモリ計算ゲーム
勝つにはどうしたらよいのだろう？
攻略法を数学的に考える！
サイコロをふって答えが大きい方が勝ち

「勝つにはどうしたらいいのかな？」という問いが自然と生まれる。数学的な考え方を，引き出しやすいテクニックの1つである。

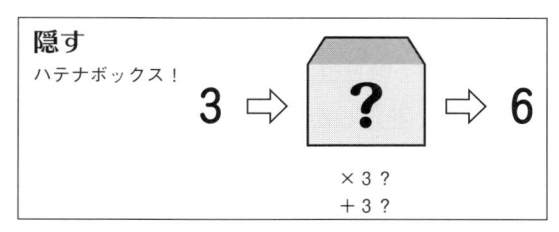

隠す
ハテナボックス！
3 ⇒ ? ⇒ 6
×3？　＋3？

図形を入れて構成要素を手探りで考えさせたり，数字を入れてきまりを発見させたりすることができる。ボックス以外にも，文章題やグラフの一部を見えなくさせたり，フラッシュカードを素早く動かしたりする方法もある。

4．小さな問い（ハテナ）も大切に

わかっている子ども，わかっていない子どものどちらも高め合うために必要なのは，「ちょっとわからない」「ちょっと困った」という小さな問いである。「その説明ではわかりにくい」「わかりやすく説明して」というように，わかっていない子どもの側の要求が出せたとき，わかっている子どもも含めて学びはさらに質が高くなる。これらの小さな問いは，つぶやきや首をかしげるしぐさなどをいかに見逃さずに拾い上げるかにある。小さな問いをつなぐことで，「もっとわかりやすく説明したい」という意欲や，「少しずつわかってきたぞ！」という喜びを共有させることができる。課題全体が抱える「大きな問い」だけでなく，一人ひとりがもつ疑問など，「小さな問い」も大切にするとよい。

導入のアイディア 1

「隠す」テクニックで，問いを引き出す

第1学年 「どんな　しきに　なるかな」

◆導入のアイディア

　ここで使用する導入のアイディアは，「隠す」テクニックである。子どもたちは，見えないものを予想したり推理したりすることが，そもそも大好きである。「はらはら，どきどき」が生まれやすい。

　課題提示で「隠す」方法は，いくつかある。ブラックボックスに数や図形を隠すのである。問題文の一部だけを□にしたり，コーヒーがこぼれたなんていう細かい演出をしたりすると，子どもにはうけてもらえる。図形の面積を求めるのに，数値を入れなかったり，式の途中を省いたりする方法もある。さまざまな「隠しの術」の中から，本時は，フラッシュカードを使った課題提示を紹介する。

「一瞬だけ見せて隠す」

絵－1

　まず絵－1のようなフラッシュカードを一瞬だけ見せて，「○○は何番目にいるかな？」と問う。当然，「もう1回見せて」という子が出てくるだろう。最初は見せてあげてもよいし，次の問題に集中させてもいい。つまり，ここではまず，たずねたものが，前から何番目にいるかに目をつける意識を植え付けることが目的である。

　しかし本題はここからである。フラッシュカードを一瞬だけ見せた後，質問をいきなり変えるのである。
　「○○の後ろに何匹いましたか？」
　「？？？？？」
　基準の動物が前から何番目か？　にばかり気を取られていた子どもたちにとって，後ろに何匹いたか？　という問いは，びっくりであろう。このびっくり感が問いにつながるわけであるが，今度は，「もう一回見せて！」の要求に応えてはいけない。「見なきゃ，わからないの？」の発問が授業の命となる。

◆課題提示から問いへ

　授業風に，問いが引き出されるまでを示してみる。
T：（絵－1を，フラッシュカード的に提示する。）
C：動物がいたよ。
C：パンダがいた。
C：ブタもいたね。
T：ネズミは，前から何番目にいますか。
C：もう1回見たいです。
C：3番目かな。
C：4番目。
C：前ってどっちから。
C：左向いていたから左からだよ。
T：前は左でいいかな。
C：うん。

T：もう1回見せますよ。合っているかな。
　（絵－1を，フラッシュカード的に提示する。）
C：やっぱり3番目だ。
　（同様に他の絵を提示し，子どもと絵で遊びながらルールを確認していく。また，指定した動物が，前から何番目にいるかに意識をもたせる。）

　（これを5回ほどくり返す。）
T：（絵－2をフラッシュカード的に提示する。）

絵－2

C：次は何の動物かな。
C：ウサギがいいな。

T：では，ウサギの後ろには何匹いますか。
C：えー。
C：ウサギは前から4番目だけど…。
T：前の問題だとウサギは前から4番目でいい。
C：うん。
T：なるほど。
　（板書する。）
C：後ろは5匹かな。
C：4匹じゃない。
C：どっちだろう。
C：もう1回見たい。
T：もう1回見ないとわからないかな。

◆本単元のポイント
(1)　単元名　どんなしきになるかな
(2)　目　標
〈関心・意欲・態度〉

・順序数や異種の量について，加減法が用いられる場合に式をよんで，問題解決に生かそうとする。
〈数学的な考え方〉
・順序数を集合数に，異種の量を1対1対応により，同種の量に置き換えることによって，既存の加減法の場に適用する。
〈技能〉
・順序数や異種の量の加減法の場を理解し，式で表したり読みとったりできる。
〈知識・理解〉
・順序数や集合数の量でも，加減法が使えることを理解している。

(3)　単元について
　前単元までに，加法の増加，合併および，減法の求残，求差の意味については既習である。本単元では，順序数と異種の量の加法，減法について扱い，加法や減法の意味を深めるとともに，活用する能力を伸ばすようにする。
　順序数の計算は，集合数に異種の量を同種の量への置き換えが必要となるため，積み木などを用いて具体的にとらえさせるようにしていきたい。

(4)　指導計画（全4時間，本時：2／4）
○順序数の加法
○順序数の減法
○異種の量の加法
○異種の量の減法

(5)　目標
　順序数の減法が用いられる場面で，どんな計算で答えが求められるかをブロックなどを用いて考えることができる。

◆その後の展開
〈問いの共有〉
　見なくてもわかる方法について考えることが，本時の重要なポイントである。前から何

番目かは，わかっている。あとは，全部の数がわかればよいことに気づいてゆくことが大切である。授業風に示すと…

T：もう1回見ないとわからないかな。
C：わからない。
C：わかる。
T：わからない人が多いみたいだね。
　　わからない人は，どうしてわからないんだろう。
C：後ろを見てなかったから。
C：後ろを見なくてもわかるよ。
　　　（↑キーになる発言）
C：わからないよ。
C：だって全部で何匹かわからないし。
T：えっ。全部の数がわかればいいの。
　　　（↑キーになる発問）
C：そうだよ。
C：なんで。
C：ひき算すればいい。
　　　（↑キーになる発言）
T：後ろが何匹か見なくてもわかればすごいことだね。全部の数がわかればいいの。
　　　（↑キーになる発問）
C：うん。
C：なんで。
C：全部からひけばいい。
C：よくわからないよ。
T：みんなで考えていこうか。
C：もし，8匹だったら8－4だよ。
T：もしってもしもの話だね。すごいね。
C：もし，7匹だったら7－4。
C：もし6匹だったら…。

〈集団思考から集団解決へ〉
　わかってきたことを，ブロックを使って説明する場面である。「だって…」という言葉を引き出す発問，「なんで？」が重要になる。さらに，授業風に示すと…

T：1つずつ聞きたいな。では，全部で6匹の時はどうですか。
C：6－4。
T：なんで？
　　　（↑根拠を引き出す発問）
C：だって後ろに2匹だから。
　　　（↑根拠を説明する発言）
C：うーん。
C：ブロックで説明すればいいよ。
T：ブロックで説明できるかな。
C：はい。

〇〇〇〇●〇〇

C：6匹いるでしょ。
C：うん。
C：ウサギが左から4番目だから。
C：後ろは2匹だ。
T：式にできるかな。
C：左の4匹をひけばいい。6－4＝2だ。
C：わかった。
T：4番目までの4匹をひけばいいの。
C：そうそう。
T：わかった人が増えてきたね。じゃあ7匹の時も考えられるかな。
C：うん。

〇〇〇〇〇〇〇

C：全部で7匹で，

〇〇〇●〇〇〇

　ウサギが左から4番目だから，7－4。
T：ブロックを動かしながら説明できるなんてすばらしい。でも，本当にひき算かな。
C：前を隠せばいい。

C：後ろを数えればいい。
C：後ろが答えだから全部から前をひけばいい。
T：全部から前をひけば，後ろに何匹かわかるの。
C：そうだよ。
T：こういうことかな。
　　（板書：全部－）
C：前＝後ろに何匹
　　（全部－前＝後ろに何匹）
T：本当かな。ブロックでも説明できる。
C：後ろに何匹だから，

　　○○○● ○○○

　こうして，前をとっちゃうからひき算。
T：この動きはひき算でいいかな。
C：うん。
T：この2つの数がわかればできるんだ。
C：うん。
T：実はこの絵は全部で9匹なんだけど，さっきのやり方で考えられそうかな。
C：できるよ。
T：今度は一人でやってみよう。

　　（机間指導をし，代表の子どもに発表させる。）

　　○○○● ○○○○○

C：前の4匹をひけばいいから9－4＝5です。
C：一緒だ。
T：ほんとにみんないいかな。
C：うん。絶対。
T：じゃあ絵を見てみよう。ウサギの後ろには何匹いるかな。
　　（絵－2を提示する。）
C：やった。やっぱり5匹だ。

〈ふり返り〉
T：今日みんなすごかったね。どうして絵を見なくても答えがわかってしまったの。
C：ひき算すればいい。
C：全部で何匹かわかったから。
C：あと，前から何番目かわかったから。
C：全部から前をひけば後ろの数だよ。
T：絵を見なくても，全部の数と前の数がわかればできるんだね。
C：うん。

◆指導をふり返って
　導入7分で，「隠す」テクニックを使い，見えない数を想像させる過程で，どうしたら質問に答えることができるのかを，筋道立てて思考していた。また，「何で？」の発問に対して，「だって…」と根拠を説明する中で，絵や図，ブロック操作を用いて説明する姿が見られた。

◆教科書課題を生かして
　数値や指導内容の系統を研究し尽くされた教科書課題を是非積極的に使用していきたい。その際，提示の仕方を一工夫することで，子どもの興味をグッと引き付けると同時に，「問い」を引き出すきっかけが大切。導入のアイディアでも触れたが，「隠す」テクニックはお手軽で，有効である。問題文章の一部を隠したり，数値を入れなかったりすることはもちろん，図形の一部だけを提示したり，フラッシュカードのように一瞬だけ見せたりする「ちょびっと隠し」の技も使える。さらには，ブラックボックスを使用して，図形の構成要素に気づかせたり，入力・出力してボックスの中で作用している「きまり」を発見させたりする技もある。ねらいを明確にして是非，お試しあれ。

導入のアイディア

② 「導入の導入!?」の7分で 単元全体の問い（？）を引き出す

第2学年 「はこの形」

◆**単元の「導入の導入!?」の7分が最も重要！**

単元の導入，つまりその単元の1時間目の導入7分は，この単元の学習の核を作るために最も大切な瞬間となる。学ぶ意欲を喚起することはもちろんのこと，単元の学習内容の核心に迫る「価値ある問い（？）」を引き出す必要がある。「はい！ 今日からかけ算の筆算です！」などと，単元名を当たり前のように宣言してしまったり，おもむろに板書してしまったりする教員を見かけることがあるが，それでは味気ないどころか，既に思考の誘導をしてしまっているも同然である。

単元の導入は，新しい単元を迎えて，どんなことをどのような方向で学んでいくのか？「はらはら，わくわく，どきどき」する設定が必要である。子どもたちのキラキラした学びの目は，この瞬間に創られるといってもよいであろう。ここで育まれた「価値ある問い（？）」が次の「小さな問い（？）」を生み，つながり合うことで，単元全体の学習が構成されていくからである。本提案では，単元の導入の7分で投げかけた「あいまいさ」の残る課題提示から，単元全体の問い（？）が引き出されるまでの実践を紹介する。

■**「あいまいさ」から単元全体の「問い（？）」を引き出す**

さまざまな形態の導入がある中で，ここでは，「あいまいさ」から単元全体の「問い（？）」を引き出す形態を2年生の「はこの形」の事例を通して紹介する。

ここで意図的に扱う「あいまいさ」とは，生活経験上の知識や，知恵に対する算数学習上の定義や性質とのズレである。個々がもつ生活経験上のあいまいな認識を操作活動することを通して意識化することで，そもそも「はこ」とは何か（定義）？ 構成要素は何か？ どんな機能性があるのか？ という単元で学ばせたい「価値ある問い（？）」を引き出せると考えた。「はこを作って積み重ねて遊ぼう！」と課題を提示することで，子どもたちは，生活経験をもとに，自分なりの「はこ」を作るであろう。その，「自分なり」が今回の「あいまいさ」そのものであり，「問い（？）」を引き出すきっかけとなると考えた。

◆**理論編……単元名からして面白い！**

2年生の図形の立体の学習は，多くの教科書会社が「はこの形」と単元名を付けている。「はこの形」。なんとも素敵なネーミングである。「たしざん」「ひきざん」「分数」「重さ」「円」「単位量あたりの大きさ」などのように，算

数用語そのものをお題目にせず，まさに日常生活用語である「はこ」という言葉が使われている。こんな単元名は，小学校算数科では，めったに見られない。だから，子どもたちにとってもわくわく感たっぷりの単元に違いない。それなのに……

一般的な指導は，そんな子どものわくわく感をしぼませてしまう展開になっていないだろうか？

はこの面を写し取り，それらを組み合わせてはこ作りをし，面や辺・頂点の数を調べて表にまとめて考察。つまり，決められた流れの中で，構成要素に着目させられているという展開である。もちろん子どもたちは操作活動が好きだから，楽しくなくはない。しかし，そこに「問い（？）」が加われば，もっと質の高い楽しさを実感できるのではないだろうか？

さて，第2学年「はこの形」の指導内容は，
①はこの形への関心を高め，豊かな感覚を養う。
②はこの形とサイコロの形のおおまかな違いを理解させ，それらの特徴をとらえさせる。
③はこの形の面の数や，面の位置関係について考えさせる。
④はこの形の頂点の数，辺の長さや本数，その位置関係について考えさせる。
⑤主体的に，はこの形にかかわり，調べた構成要素を整理してまとめさせる。

これらの指導内容を，単元の導入を工夫することで，子どもの「問い（？）」に結び付けて学習を進めることはできないだろうか？

◆実践から（単元の導入場面）
●四角いはこを作って高く積み上げてみよう！

「はこの形」を子どもたちがどのように認識しているのか？　また，2年生のこの時点で，立体作りの生活経験をどの程度してきているのだろうか？　の評価も含め，導入では，最初にあえて下記のようにあいまいな投げかけをした。

T：「画用紙を使って，好きな四角いはこを作って，みんなで高く積み上げてみよう！」
C：「やったー作ろう！」
とやる気満々。そこで，
T：「えっ？　何か質問ないの？」
C：「……。」
特にない様子。
C：「箱を作ってのっけるんでしょ？」
C：「セロハンテープ使っていいの？」

四角いはこ，というあいまいさに対する質問ではなく，制作方法や道具に関する質問ばかり。そこで，
T：「四角いはこって言っただけで，どんな形かイメージできるの？」
と，誘導的な質問をしてみると，
C：「サイコロとか」「おかしのはこ」「ティッシュのはこ」「お道具はこ」……。
次々と例が挙がり製作開始。

意外にも，『四角いはこ』という言葉だけで，子どもたちはいわゆる立方体や直方体が頭に浮かんだらしい。もちろん定義しているわけではないのでぼんやりなわけだけど。むしろ，ぼんやりしているほうが「あいまいさ」が残り，「問い（？）」が生まれやすいので，導入には適している。

●頭の中で構成要素が見えている!?

いわゆる直方体や立方体の構成要素をその子なりに念頭で捉え，どの子も意欲的に作っていたのが印象的。子どもたちの制作方法を整理すると……

A，やっこさん型の展開図を作る子。（4人）
　→○長さを決めてサイコロ（立方体）作り。
B，6枚の四角形を作ってつなぎ合わせる子。
　→○正方形をきちんと作っている子。
　　（4人）
　→○長方形や正方形を対にして，組み合わせている子。（2人）
　→△定規を使って四角形を作っているが，大きさがまちまちな6枚を適当に組み合わせている。（7人）
　→○△一枚一枚作ってつなぎ合わせながら，形を修正している。（12人）
　→△全くのフリーハンドで四角形を作り組み合わせている。（2人）
C，その他
　→△5枚の面でできると思い，無理やりつないでいる子。（1人）
　→○△はこの面を写し取って作っている子。（2人）

○は生活経験と単元の学習内容が結び付いていて，構成要素がしっかり認識できている子。△は生活経験だけでは構成要素がしっかりと認識できていないため，はこの形になっていない子。

● 何で倒れちゃうんだろう？
　⇨「あいまいさ」の認識

それぞれの子どもなりに作った立体で，課題提示どおり「積み上げゲーム」を行った。クラスを2つのグループに分け，高く積み上げられたほうが勝ちというシンプルなルール。

しかし，慎重に重ねてもすぐに倒れてしまう。

つぶやきが，湧き出てくる。
「いい加減に作るからだよ。」
「平らじゃないから後で使おう！」
「これしかくが6枚ないじゃん。」
「まがってるからグラグラする。」
などなど。

倒れてしまう理由が次々ととび出す。そこで，「何で倒れちゃうんだろう？」を問いとして取り上げて意見を出し合った。

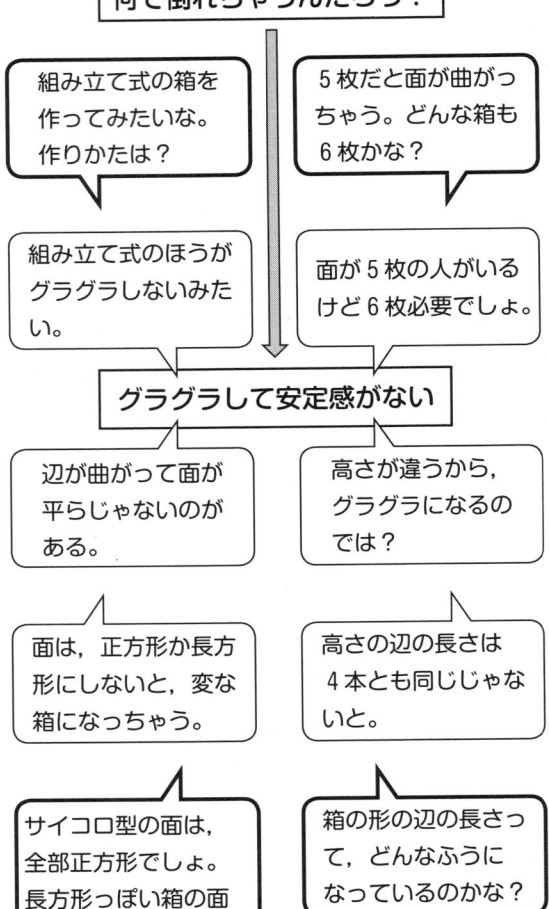

何で倒れちゃうんだろう？

- 組み立て式の箱を作ってみたいな。作りかたは？
- 5枚だと面が曲がっちゃう。どんな箱も6枚かな？
- 組み立て式のほうがグラグラしないみたい。
- 面が5枚の人がいるけど6枚必要でしょ。

グラグラして安定感がない

- 辺が曲がって面が平らじゃないのがある。
- 高さが違うから，グラグラになるのでは？
- 面は，正方形か長方形にしないと，変な箱になっちゃう。
- 高さの辺の長さは4本とも同じじゃないと。
- サイコロ型の面は，全部正方形でしょ。長方形っぽい箱の面は，全部長方形かな？
- 箱の形の辺の長さって，どんなふうになっているのかな？

導入のアイディア②

子どもたちの言葉をつないでいった結果，価値ある「問い（?）」が生まれた。本単元のすべての学習内容を含んだ，いくつもの「問い（?）」である。この「問い（?）」が，単元を通じて受動的な学習から能動的な学習への転換のきっかけとなる。

本実践は，45分間の授業を載せているが，はこの形の製作時間は準備の時間だとすると，課題提示から，ゲームを始めて，「なんで倒れちゃうんだろう？」「平らなものを下のほうにしたら？」「曲がっているとグラグラする？」といった，価値あるつぶやきが湧き出てくるところまでを導入7分で流したい。

■実践のおわりに

問い（?）は，学習意欲を喚起することはもちろんだが，わかったつもりになっていること（生活経験・塾や家庭学習での先行学習）の学び直しや，無意識であることを，意識化していくことに大きく作用するのではないだろうか？

特に，図形指導では，定義・用語の使い方など丁寧な指導が必要である。あいまいさを認識し明確にしていく指導が大切である。

「単元の導入の導入の7分」にこだわることで，単元全体の学びを創り出すことができることを実感した。

◆導入の導入で取り上げたい「あいまいさ」の例

- 生活経験とのズレからおきる誤解
  （例）2年「はこの形」
  　生活経験の中で無意識に捉えてきた「はこの形」の構成要素と，算数学習上での定義や性質とのズレから思っている形が製作できない場面。
  （例）2年「三角形と四角形」
  　三角形・四角形という名前から，「3つ（4つ）の角があるものを三角形（四角形）」という定義であると誤解してしまう場面。

- 価値のある誤答
  （例）1，2年「長さ比べ」
  　比べる者同士が，違う任意単位で比較してしまった場面。
  （例）4年「概数」
  　買い物場面で，四捨五入で見積もったことにより，持ち金を超えてしまった場面。
  （例）5年「小数のわり算の筆算」
  　あまりの処理で，0.3にしなければいけないところを3にしてしまった場面。

などである。

新しい単元で初めて出合う課題だからこそ，子どもたちは当然間違える。あいまいな理解から起きるその間違いを効果的に取り上げ，価値ある「問い（?）」に結び付けていくことが大切であろう。

導入のアイディア 3

あいまいな場面から「困ったこと」を引き出す

第5学年 「分数の大きさと,たし算,ひき算」

◆導入のアイディア

「困ったこと」を問いにつなげる

　課題は教師が提示し,問いは子どもから引き出すものである。問いが子たちから湧き出てこなければ問題解決の必要性が薄く,どうしても受動的な学習になってしまう。そこで,「あわせて1を超えるかな?」という課題に取り組む中から生まれた子どもたちの「困った事柄」について考えていくことで,子どもから問いを引き出すことができると考えた。

「あわせて1を超えているかな?」

　1を超えるか占いをしましょう。分数カードを2枚とって,合わせて1を超えたら幸運! 1を超えなかったら不運!

（組み合わされたカードの例）

$\dfrac{1}{4}$ と $\dfrac{1}{3}$

$\dfrac{2}{5}$ と $\dfrac{3}{7}$

$\dfrac{4}{5}$ と $\dfrac{2}{3}$

$\dfrac{3}{4}$ と $\dfrac{5}{7}$

$\dfrac{1}{4}$ と $\dfrac{3}{5}$

$\dfrac{2}{5}$ と $\dfrac{4}{7}$

　異分母分数のたし算が未習の子どもたちにとって,まずは合わせて1を超えるかの判断基準をそれぞれのカードの数が半分を超えているかどうかで考える。どちらも半分を超えていなければ合わせて1を超えることはないし,どちらも半分を超えていれば,合わせて1を超えるとすぐにわかる。しかし,一方が半分を超え,他方が1より小さい場合に判断に迷うであろう。「1を超えたとすぐに判断しにくいカードの組み合わせの判断方法について考えよう!」それがハテナである。分母をそろえることで,最終的な判断ができることを理解した時,力強いナルホドが生み出されると思われる。また,1を超えるかどうか判断しにくい時,子どもたちは自然と図を用いて考えるであろう。その際,めもりがそろっていないとわかりにくい,というさらなる困り感が生まれる。この困り感が次のハテナになり,分母をそろえる必要感と意味理解につながると思われる。

◆授業構想

(1) 単元計画

時	指導内容
1〜2	大きさの等しい分数をつくる
3	約分の意味と仕方
4	異分母分数の合成数について 展開例 通分の意味
5	通分の仕方
6	異分母分数どうしのたし算

導入のアイディア③　あいまいな場面から「困ったこと」を引き出す

7	異分母分数どうしのたし算で答えを約分する
8	異分母分数どうしのひき算
9	異分母分数どうしのひき算で答えを約分する 異分母分数の3口の加減混合計算
10〜11	仮分数・帯分数を含む異分母分数の加法，減法，計算練習

(2) **目標**

2つの分数を合わせて1を超えるかどうかについて，分数の感覚的な大きさや意味・通分の素地となる分母をそろえて比較する方法で考える。

(3) **問いを引き出すまでの展開**

1．課題を把握し問いをもつ。

> 1を超えるか占いをしましょう。分数カードを2枚とって，合わせて1を超えたら幸運！　1を超えなかったら不運！

● : 試しにやりたい人！
○ : はい！　$\frac{1}{4}$と$\frac{1}{3}$
○ : これは，1を超えないよ！　残念。
● : なぜ？　すぐに1を超えないとわかったのですか。
○ : 例えば$\frac{1}{4}$と$\frac{1}{3}$や$\frac{2}{5}$と$\frac{3}{7}$は1を超えない。すぐに判断できるのは，どちらも半分より小さいから。
○ : 4等分したうちの2つ分が半分だから，4等分したうちの1つ分は，半分より小さい。
○ : 図にするとわかりやすいよ。
● : 他の数だったらどうでしょう。
○ : $\frac{3}{4}$と$\frac{5}{7}$や$\frac{4}{5}$と$\frac{2}{3}$は1を超える。
○ : すぐに判断できるのは，どちらも半分よりも大きいから。
● : 少し自分たちで占いをやってみましょう。

2．$\frac{2}{5}$と$\frac{4}{7}$の場合（判断しにくい場合）について考える。

● : 判断が難しかった組み合わせがあったら紹介してください。
○ : $\frac{1}{4}$と$\frac{3}{5}$や$\frac{2}{5}$と$\frac{4}{7}$は1を超えるかよくわからない。
○ : 確かに。すぐに判断しにくい。
○ : 半分より小さい数と半分より大きい数の組み合わせだから。
● : では，$\frac{2}{5}$と$\frac{4}{7}$の場合を例にとって1を超えるか超えないかの判断方法について考えてみましょう。

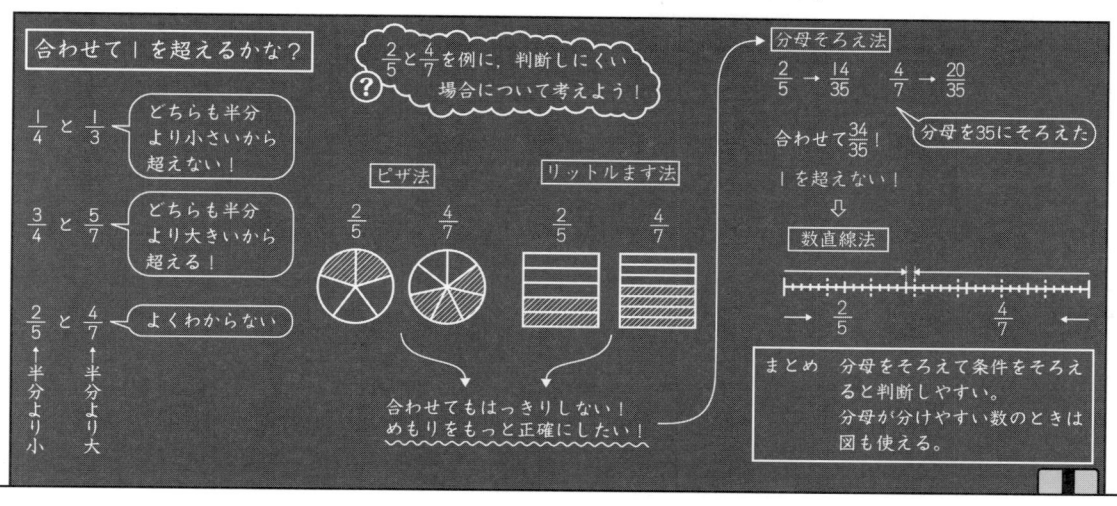

127

◆その後の展開

(1) 自力思考

○：図を使って合わせてみれば，1を超えたかわかるのでは。
　⇒ ピザ法　　⇒ リットルます法
○：数直線にかき表してみようかな。
　⇒ 数直線法
○：分母をそろえて同じ条件にすれば比べられると思う。⇒ 分母そろえ法

(2) 練り上げ

（キーワードだけを発表してから考えをよみ，つなげる）

●：キーワードからお互いの考え方を想像してみましょう。
○：ピザ法 や リットルます法 は図に表して考えている方法だと思う。考え方は同じだね。

ピザ法
$\frac{2}{5}$　　$\frac{4}{7}$

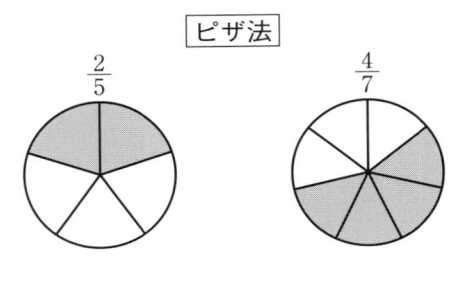

リットルます法
$\frac{2}{5}$　　$\frac{4}{7}$

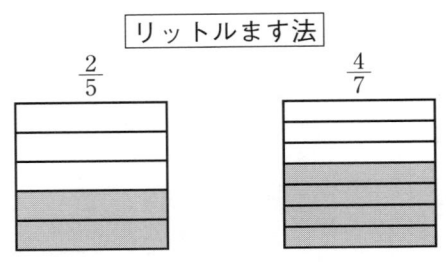

○：数直線法 も同じだと思うけど，数直線法 は両側から示しているから，わかりやすい。
○：図で表す方法は，微妙なところがあいまいな気がする。
　めもりの打ち方などによって違うのでは？

●：めもりを正確に表すにはどうしたらよいでしょう。
○：4に分けるのと7に分けるのを同じ条件にできないかな。
○：分母そろえ法 って何だろう？
○：分母そろえ法 5と7の公倍数で35に分母をそろえる。$\frac{2}{5}=\frac{14}{35}$　$\frac{4}{7}=\frac{20}{35}$
　合わせると $\frac{34}{35}$ だ！
○：分母そろえ法 だったら，めもりの条件をそろえることになる。数直線法にも使えるね。
○：数直線法 を 分母そろえ法 の考えを使ってあらわすと……

数直線法

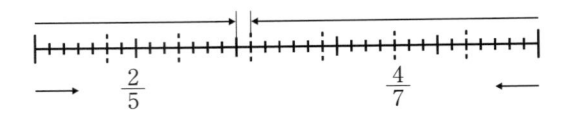

$\frac{2}{5}$　　　　　$\frac{4}{7}$

(3) まとめ

○：1を超えたと判断しにくいときには，分母をそろえることで条件を同じにして比べる方法が使える。
○：分母が分けやすい数の場合には，ピザやリットルますの図も使える。
○：今日の光る発言は，「半分」に気づいた○○さんだな。
○：分母をそろえる方法と数直線図を結びつけて説明したのがわかりやすかった。
●：では，いろいろなカードを使って占いを楽しんでみましょう！

◆単元の指導ポイント

　本単元で学習する「通分」の必要性は，異分母分数の大小比較や加減をするときに必要であるが，同値分数の学習をもとにすれば，通分という意識がなくとも大小関係や加減は

できる。そのため，「あわせて１を超えるかな？」の活動の中に異分母分数の加法計算の要素を含むことで，通分が必要となる目的を明確にしたいと考えた。その必要性を子ども自身がもつことで，通分の意味理解もスムーズにしたい。このように，既習の考えでは解決できない場合があることに気づかせて，その問いを学習への動機づけとすることが大切だと考える。

◆指導法のアイディア
「一言ネーミング」で友だちの考えを読み合う・説明する

　自分の解き方のアイディアに「一言でいうなら……」とネーミングすることで，ネーミングから解き方に見通しをもたせることができる。ネーミングを使って友だちの考えを読み合ったり，困っている友だちにわかりやすく説明したりする活動を取り入れることで，クラスみんなで理解する学び合いを大切にすることになる。

〈本時で出てきたネーミング〉
| ピザ法 |
| リットルます法 |
| 数直線法 |
| 分母そろえ法 |

「小さな問いをつないで学びあう」……つぶやきや表情を大切にする

　わかっている子，わかっていない子のどちらも高めあうために必要なのは，「ちょっとわからない。」「ちょっと困ったな。」という小さな問いである。さらには，「その説明ではわかりにくい。」「もっとわかりやすく説明して。」というように，わかっていない子側の要求が出せたとき，学びはさらに質が高くなる。

　これらの小さな問いは，つぶやきや首をかしげるしぐさなどを，いかに見逃さずに拾い上げるかである。「なぜ首をかしげたの？」と声をかけ，小さな問いを引き出し，つなぐことで，「もっとわかりやすく説明したい。」という意欲や「少しずつわかってきたぞ！」という喜びを共有させられると考えている。課題全体が抱える「大きな問い」だけでなく，一人ひとりがもつ疑問など「小さな問い」を大切にしていくとよい。

「今日の光る発言」……ふり返りで考え方や表現方法に価値づけをする

　授業の中で，子どもの考え方・表現方法を友だち同士や教師が評価する場面は，たくさんある。流れの中でその都度よさを認め合い，板書に残したり直接声をかけたりして価値づけし，次の学びの姿勢に生かしていくことが大切である。本単元では，さらに授業の終盤のふり返りのなかで，「今日の光る発言」として，整理して価値づけしたい。「○○さんの，図を使えばといった言葉でひらめきました。」「簡単な数字に置き換えてくれたからわかりやすかった。」「半分に目をつけるとは，すごい！」といった，数学的な考え方・態度・表現に関する価値を共有化していくことが大切である。

導入のアイディア

4 間違いの意味を追求する
「なぜ違うの？」の問いを引き出す
第6学年 「分数のわり算」

◆導入のアイディア
「なぜ違うの？」というモヤッとした気持ちを問いにつなげる

　教師が与えた課題から，子どものハテナを引き出し，「自分ごと」として学びを深めていく。「問い」は「自分ごと」になるためのきっかけであり，本時のねらいに向かうための柱である。本実践では，子どもたちが「なぜ違うの？」というモヤッとした気持ちを大切にすることで，それが問いにつながると考えた。

　本時までは，分数のわり算を解くための考え方に力を入れて学習してくる中で，子どもたちは計算のしかたを学び，答えを求められるようになった。計算のしかたを理解した子どもの中には，分数のわり算は簡単だと思っている子どももいる。しかし，実は教科書で扱う分数のわり算の問題は，答えの出せる限られた範囲の学習である。そこで，本時では分数のわり算の発展として「あまりのある分数のわり算」の課題を扱うことにした。「分数でもあまりがあるの？」「答えは出たけどおかしいな？」と，分数がわかっていたつもりの子も「あれ？」と首をかしげる瞬間をつくることで，全員に問いが生まれると考えたからである。

> これまでどんなわり算を学習してきたかふり返ってみよう！

　これまでに「わり算」の数範囲が拡張されてきたことをふり返る。

整数÷整数	あまりなし
整数÷整数	あまりあり
小数÷整数	わりきれるまで
小数÷整数	あまりあり
小数÷小数	わりきれるまで
小数÷小数	あまりあり
分数÷整数	あまりなし
分数÷分数	あまりなし

　あれ？　あまりのある分数のわり算！　だけやっていない！

⇩

　そこで，以下のような問題文を提示する。

> 5mのリボンテープがあります。$\frac{3}{4}$mずつわけると，何本取れて何mあまりますか？

　式は $5 \div \frac{3}{4}$ であることは，全員納得。しかし，計算をしてみて，あまりの処理で，ハテナが生まれる。

ア　$5 \div \frac{3}{4} = \frac{20}{3} = 6\frac{2}{3}$
　　　　　6本取れて $\frac{2}{3}$ mあまる。

イ　$5 \div \frac{3}{4} = 5 \div 0.75 = 6$ あまり 0.5
　　　　　6本取れて0.5mあまる。

ウ　$5 \div \frac{3}{4} = \frac{20}{4} \div \frac{3}{4} = 20 \div 3 = 6$ あまり 2
　　　　　6本取れて2mあまる。

導入のアイディア④　間違いの意味を追求する「なぜ違うの？」の問いを引き出す

ウ　5mからいくつ $\frac{3}{4}$ mがとれるかを考えて，$5-\frac{3}{4}$ を繰り返し
　　　　　6本取れて $\frac{1}{2}$ mあまる。

　つまり，あまりだと思う答えが，4種類も出てしまうのだ。「なぜ違うの？」というハテナが自然と生まれるのである。

◆実際の授業から
(1) 指導計画

時	指導内容
1〜2	分数÷単位分数の意味と計算のしかた
3〜4	分数÷分数の意味と計算のしかた
5	分数÷分数で約分をする計算，整数と分数の除法計算
6	3口の分数の除法計算
7	分数の場合も，何倍かを求めるのに除法を用いること
8	分数の倍（第二用法）
9	分数の倍（第三用法）
10	単元のまとめ
11	「あまりのある分数のわり算」（発展）★本時

(2) 目標
　「あまりのある分数のわり算」（包含除場面）のあまりの扱いとその意味を，図や数直線，わり算や分数の意味を用いて考える。

(3) その後の展開
●：あまりは $\frac{2}{3}$，2，$\frac{1}{2}$(0.5) の3つに分かれるね。正解はどれだろう？
○：あまりが2mだとしたら $\frac{3}{4}$ mがまだとれるからおかしいよ。
○：まずはどれが合っているのか確かめてみたい。
○：わる数×商＋あまり＝わられる数　にあてはめると，あまりは，$\frac{1}{2}$(0.5) だね。
→あまりが $\frac{1}{2}$ であることは，確かめ算から明らかになる。しかし，他の答えは，何を意味しているのか，深い追究が始まる。

> なぜ違うの？
> $\frac{2}{3}$ は何を意味しているのだろう？（はてな）

●：$5 \div \frac{3}{4} = \frac{20}{3} = 6\frac{2}{3}$ だから，$\frac{2}{3}$ があまりだと思ってしまったんだね。
○：$6\frac{2}{3}$ 本あまるということではないかな？
○：商 $6\frac{2}{3}$ から，あまりが $\frac{2}{3}$ だと思ったんけど，$\frac{3}{4}$ mが6本と $\frac{2}{3}$ 本とれたということかも。
○：$\frac{2}{3}$ は，$\frac{3}{4}$ mが $\frac{2}{3}$ 本あまったということなんじゃないかな？
○：リボンの図に表してみると，こんな感じになるね。

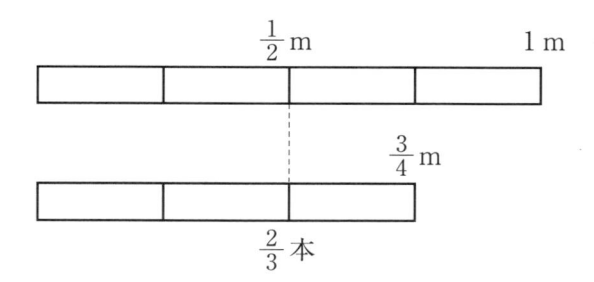

> $\frac{3}{4}$ mが $\frac{2}{3}$ 本ということは，
> $\frac{3}{4}$ m× $\frac{2}{3}$ 本＝ $\frac{1}{2}$ mのことだ！（なるほど）

→さらに，新たな追究。

> なぜ違うの？
> 2は何を意味しているのだろう？（はてな）

○：整数にするために，わる数とわられる数を4倍してしまっている。

○：だからあまりを4でわらなければいけない。

$$2 \div 4 = \frac{1}{2} になる。（なるほど）$$

●：学習をふり返ってみよう。
○：あまりの出る問題では，今までの分数の計算方法では出せないね。
○：答えを求める時は，問題文をよく読んで，何を求めるのか理解することが大切だね。
○：わり算の意味や分数の意味に戻って考えることが大切だね。
○：図やリボンなどで実際に確かめると，理解が深まるね。

◆この題材のよさ

「分数のわり算」では，いわゆる「ひっくり返してかける」という計算手続きとその意味について，子どもたちはじっくりと練り上げを展開してきたことだろう。まさに，今まで6年間の既習をフル活用し，解決していくことを楽しめる単元である。しかし，計算手続きを練り上げた後の学習では，ゲームを採り入れるなど工夫はしているものの，「ひっくり返してかければよい」という手続きの習熟学習が繰り返されてきた。計算の形式的な処理に偏ってきたので，今一度，分数のわり算の意味に立ち返らせたいと考えた。

そんな折，計算結果を帯分数に直す課程において，ある子どもが帯分数の分数部分について「これってあまりなのかな？」とつぶやいたことから，「教科書の文章問題がすべて等分除場面であることに気づき，本時題材では包含除場面の「分数のわり算」を提示し，あまりの扱いについて考えていくことにした。

(2) こんな楽しさを味わわせたい！

① わかる楽しさ

分数のわり算にも，包含除場面があることやあまりの大きさの意味について，自分自身で気づいたり，友だちの説明から納得したりする楽しさ。

② 活動する楽しさ

本時では，具体的な操作活動の場面は少ないが，思考を大切にした算数的活動が学習の主になる。6年生ともなると，具体から抽象への変換期として，念頭操作が重要になってくる。その過程で，自分の考えを図に表してモデル化したり，簡単な数字に置き換えて説明したりと，これまでの学習体験を生かす楽しさが期待できる。

③ できる楽しさ

分数のわり算は，意味理解がなされると，ひっくり返してかければよいという形式的な処理に偏りがちである。「計算できる」と思い込んでいる子どもたちが，「あまりのある分数のわり算」という新たなハードルを乗り越えて初めて，本当の意味で「分数のわり算」ができた！　という達成感を味わえるのではないだろうか？

④ 考える楽しさ

「あまりのある分数のわり算」を解決していく過程で，あまりの扱いと意味について再度，図や数直線，わり算の意味や分数の意味に立ち返り，考えていくであろう。まさに既習に立ち戻って考えることのよさや楽しさが実感できる展開となるであろう。

◆指導法の工夫

(1) 学び合いを充実するために
手を挙げている子だけで進める授業からの脱却

　わかっている子，手を挙げている子だけで進む授業をよく目にする。クラスの5人ぐらいが，意見を交わし合い熱くなっている中で，それ以外の30人は，じっと時が過ぎるのを待つ。当たり前だが，その30人は理解が深まるはずがない。さらに，わかっている5人も，わかりやすく説明する必要感が生まれない。これでは，学び合いは成立しないし，思考・判断・表現力は育たない。

　では，手を挙げている子，わかっている子だけで進む授業からどう脱却するか？　まずは，「わかった人？」という発問を見直すことである。

　例えば，問題文を提示して式を立てさせる場面。自力思考の後，何と発問しているだろう？　「わかった人？」あるいは，「式が立てられた人？」と聞いていないか。

◎授業は，きれいに流れる。しかし…
わかったつもりの子を育てているにすぎない!!!

　これでは，わかっている子だけが，学習の土俵に引き上げられてしまう。その子は，自信のある子で，いつも正解を言う子であろうから，周りの子も「そうだそうだ」とわかったふりをしてしまう。私なら「わからない人？」「困っている人？」と発問する。場合によっては，「たし算だと思う人？」「かけ算だと思う人？」「引き算だと思う人？」「わり算だと思う人？」そして「わからない人？」の五択にする。これで，全員が授業の土俵に上る。「わからない人」がいてくれれば，わかりやすく説明する必要感も生まれるし，わかろうとする責任も生まれる。

　他にも，「わかった人？」のかわりに，「今，何を考えている？」とインタビュー形式にするのもテクニックの1つ。さらには，首をかしげている子に，「何が気になったの？」と声をかけるのも大切である。

ちょっとした工夫で…

　手を挙げている子だけで進める授業からの脱却を目指せば，自然と学び合いの土壌が出来上がるというわけである。

(2) 次の学びに生かすために
ふり返りで考え方や表現方法に価値づけをする

　授業の中で，子どもの考え方・表現方法を友だち同士や教師が評価する場面はたくさんある。流れの中でその都度よさを認め合い，板書に残したり直接声をかけたりして価値づけし，次の学びの姿勢に生かしていくことが大切である。本単元では，さらに授業の終盤のふり返りのなかで，整理して価値づけしたい。「○○さんの，図を使った説明でわかりました。」「答えを確認する時に，確かめ算とひらめいてすごい！」「あまりが問題にあっているか考えるとは，なるほど！」といった，数学的な考え方・態度・表現に関する価値を共有化していくことが大切である。

おわりに

　「おもしろい本ができた！」が編集を終えての第一の印象です。
　「確かな力，そして豊かな力を付けた算数好きの子どもたちになってほしい」と教師ならば誰でも願っています。そして，授業力を身に付けていきたいと思っています。
　そこで，授業力向上に役立つ本を作りたいと考え，7人が集まりました。
　7人の教師がそれぞれの授業術を述べ，導入7分の作り方を紹介した本。コンセプトは同じはずなのに，それぞれの作り方は個性的。7冊のブックレットが1冊にまとめられたような本ができました。
　7人の教師の授業術はいかがでしたでしょうか。7人の個性が読み取れると思います。子どもたちは担任を選ぶことはできません。自分のクラスの子どもたちの担任になったということは，このクラスに来てよかったと思わせる責任を負うことになります。「個性」や「情熱」といった人間性が，経験，専門性などを埋めてくれるものと感じています。自分なりの授業術を創っていくときに，この7人の授業術を参考にしていただけると幸いです。
　ところで，武道や茶道の世界に，「守・破・離」という言葉があります。まず型を覚え自分のものとした後，その型を破り，自分の型を新たに創っていく大切さを表した言葉です。
　教育の世界にも，この「守・破・離」の考えは大切であると考えています。
　教科書に載せられている展開が算数を専門にしていない教師，新任の教師など誰にでも使えるようになっている「型」と考えるならば，まずその型を「守」，つまり身に付けることが大切と言えます。
　しかし，「型」は，心が通じにくくなる欠点があります。
　そこで，「型」にとどまらず，「破・離」，つまり，アレンジを加え自分なりの「型」を創っていこうと授業力を高めていこうとすることが大切です。そこに，教師の「個性」が生まれてきます。
　しかし，その力は一朝一夕に身に付くものではありません。この本は，その「守」から「破・離」，つまり，自分なりの型を創っていく際にきっかけになるものと考えています。
　例えば，この本には，導入7分のアレンジの仕方が，28本（4本×7人＝28）載せられています。「これはおもしろい，使えそうだ！」と思ったものは，まず自分の教材研究の部屋の引き出しに入れて置いてください。今すぐ使えなくても経験に応じて，その引き出しを開けて使うときっとおもしろい授業が展開できるはずです。

また，それぞれのアレンジの仕方は，事例で載せた教材だけしか使えないものではありません。他の場面でも使うことができます。28本の教材を手に入れたのではなく，28通りのアレンジの仕方を手に入れたと言ってよいでしょう。

　授業をちょっと変えると，子どもたちの動きがちょっと変わってきます。この授業をちょっと変える勇気と指導技術を身につけ，「はらはら，わくわく，どきどき」する算数授業を創り，算数好きを増やしていってほしいと思っています。

　最後に，本書の出版にあたり，教育出版の秦　浩人氏には，いろいろな面で貴重なご示唆や温かい励ましをいただいことを心より感謝申し上げます。

編　者

編著者・執筆者一覧

◆編著者

細水　保宏　　筑波大学附属小学校副校長

◆執筆者（五十音順）

大澤　隆之　　学習院初等科教諭

大野　桂　　　筑波大学附属小学校教諭

盛山　隆雄　　筑波大学附属小学校教諭

髙橋　長兵　　一関市教育委員会指導主事

髙橋　正英　　京都教育大学附属桃山小学校教諭

森　　勇介　　川崎市立井田小学校教諭

「はらはら，わくわく，どきどき」がある導入のつくり方
── 7人の教師・導入7分の算数授業づくり──

2012年8月17日　初版第1刷発行
2013年2月4日　初版第2刷発行

編著者　細　水　保　宏

発行者　小　林　一　光

発行所　教　育　出　版　株　式　会　社
　　　　〒101-0051　東京都千代田区神田神保町2-10
　　　　電話 03-3238-6965　振替 00190-1-107340

©Y. HOSOMIZU　2012　　　　　　　　　組版　日本教材システム
Printed in Japan　　　　　　　　　　　印刷　藤原印刷
落丁本・乱丁本はお取替えいたします。　　　製本　上島製本

ISBN978-4-316-80336-4　C3037